NUBES (I)

No habrá una sola cosa que no sea
una nube. Lo son las catedrales
de vasta piedra y bíblicos cristales
que el tiempo allanará. Lo es la Odisea.
que cambia como el mar. Algo hay destino
cada vez que la abrimos. El reflejo
de tu cara ya es otro en el espejo
y el día es un dudoso laberinto.
Somos los que se van. La numerosa
nube que se deshace en el poniente
es nuestra imagem.
Incesantemente la rosa se convierte en otra rosa.
Eres nube. Eres mar, eres olvido.
Eres tambien aquello que has perdido.

WOLKEN (I)

Nubes (I) von Jorge Luis Borges / Deutsche Nachdichtung von Franz Johannes Weninger

Keine Sache wird es geben, die nicht
eine Wolke wäre. So die Kathedralen
aus weitem Stein und biblischen Scheiben,
welche Zeit wird ebnen. So die Odyssee,
die sich wandelt wie das Meer. Immer ein andres,
wenn wir sie öffnen. Dein Abglanz
des Gesichts ist ein andrer schon im Spiegel,
und der Tag ist zweifelhaftes Labyrinth.
Wir sind jene, die gehen. Die vielzahlige
Wolke, die sich auflöst ins Sinken der Sonne
ist unser Bild.
Unaufhörlich sich wandelt die Rose in andere Rose.
Du bist die Wolke, bist Meer, bist Vergessen.
Du bist auch das, was du verloren.

Die Stimme der Herzen

EVA MANG

SEMINO ROSSI
DIE STIMME DER HERZEN

Sein Leben und sein Weg zum Erfolg

IMPRESSUM

Deutsche Erstausgabe © 2009 Edition KOCH

Autorin: Eva Mang **Verlag:** Edition KOCH, A-6020 Innsbruck, editionkoch@kochint.at **Gestaltung:** Gottfried Halmschlager
Korrektur: Hans Fleißner **Druck:** ARTPRESS Druckerei GmbH, A-6604 Höfen
ISBN: 978-3-7081-0509-3

Fotos: Andrea Mayer-Rinner, Uwe Schwarz, Erwin Schickinger, Privat, APA, ORF/Schafler, ORF/Badzic, ZDF/Kehr, Universal/Koch, MCP, Tyrolis, La Embajada de la República Argentina en Viena/Sección Económica y Comercial, www.naval-history.net, Privat-Semino Rossi, Roba-Press/Stephan Pick
Textquellen: Stadlpost, Neue Post Fan-Sonderheft '07, Auf einen Blick, Semino Rossi Fanclub Magazin, Tiroler Tageszeitung, Promotion-Koch/Universal
Zahlreiche Zitate, Text- und Bildquellen entstammen der langjährigen Kooperation mit dem Magazin Musikantenstadlpost.
Der Verlag dankt allen Fotografen und Musikern für die Genehmigung zum Abdruck der Bilder und Illustrationen.
Sollte ein Urheber übersehen worden sein, wird er gebeten, sich zu melden.

Inhalt

6   Einleitung
7   Vorwort: Ursula Stiedl –
     ORF-Redaktionsleiterin
8   Semino im Interview – oder die Kunst,
     mit dem Herzen zu sprechen

I HEIMAT – UNAUSLÖSCHLICH UND PRÄGEND

18   Argentinien – ein Land mit vielen
     Gesichtern
24   Die Kindheit in Rosario –
     Glück hat nicht nur mit Geld zu tun
32   Mama Esther: Sie hat immer
     an ihn geglaubt
46   Die Familie: Vaterland des Herzens
50   Die Teenager-Jahre
60   Semino der Rettungsschwimmer:
     Geld verdienen muss ja sein

II DER START EINER SPÄTEN KARRIERE

72   Nach Europa
76   Straßensänger ohne viel Hoffnung
81   Österreich: endlich ein Ziel gefunden
85   Die Entdeckung: Franz Koch
     war von seiner Stimme begeistert
88   Endlich Karriere: das erste eigene
     Album und die Erfolge

III IM MUSIKGESCHÄFT IST ER EIN SPITZENSTAR

100 Semino Rossi – Diskografie und
     DVDs auf einen Blick
103 Der Star – Steckbrief und seine
     bisherigen Erfolge
107 Semino im Word-Rap:
     Fragen und Antworten von A–Z
111 Freunde und Wegbegleiter: Sie stehen
     hinter dem Rossi-Erfolg
118 Semino im Rampenlicht:
     Auf der Bühne fühlt er sich wohl
125 Semino on Tour: Perfektion für
     ein unvergessliches Konzerterlebnis

IV DER PUBLIKUMSLIEBLING: QUOTEN UND ERFOLGE

136 TV-Highlights: keine große
     Fernsehshow ohne Semino Rossi
145 Auszeichnungen und Preise
     am laufenden Band

V DIE SEMINO-FANS

156 Eine eingeschworene Gesellschaft

VI PROMIS, KOLLEGEN UND FREUNDE ÜBER SEMINO: SEIN ERFOLG IST EIN PHÄNOMEN

163 Statements von: Karl Moik, Carmen
     Nebel, Andy Borg, Erich Fuchs,
     Andy Zahradnik, G. G. Anderson,
     Vitus Amor, Nik P., Fritz Kristoferitsch,
     Sigrid & Marina, Monika Martin
     und Roland Eberhart

VII DER MENSCH SEMINO

170 Der Lebensmensch: Ehefrau Gabriella
180 Idole mit klingenden Namen
186 Inspiration und Stärke: Seminos Glaube
194 Seine Charity-Arbeit:
     Glück verdoppelt sich durch Teilen
200 Semino und die Politik
204 Seminos Fitness-Tipps: gesund und schön

EINLEITUNG

Ein Buch über SEMINO ROSSI zu schreiben ist leicht und schwer zugleich!

Leicht: weil die Geschichte seines Werdegangs vom Straßenmusikanten, der für ein paar Schilling an U-Bahn-Stationen gesungen hat, zum Superstar der Szene, mit allen privaten und beruflichen Zwischenstationen, viel Material hergibt.

Schwer: weil Dinge wie Herz, Sehnsucht, Träume und Romantik sehr schwer in trockene Worte zu fassen sind. Selbst mithilfe der schönsten Fotos – an dieser Stelle meinen herzlichsten Dank an meine STADLPOST-Fotografin Andrea Mayer-Rinner und an meinen deutschen Kollegen Uwe Schwarz, die mir bei der Illustrierung eines „Frauentraums" sehr geholfen haben – ist es kaum möglich, das Phänomen Semino wirklich zu „beschreiben".

Ein besonderes Dankeschön auch an meinen Freund und Wegbegleiter seit vielen Jahren, meinen Art-Director Mag. Gottfried „Gotti" Halmschlager, der auch in diesem Werk bewiesen hat, dass Grafik eine Kunst ist.

Ich habe in meiner fast fünfzehnjährigen Laufbahn als Musikjournalistin schon sehr viele gute Konzerte gesehen. Es gab auch welche, bei denen mir persönlich die Musik ganz und gar nicht gefiel, mir jedoch die Begeisterung der Fans Respekt abverlangte. Es gab auch schrecklich lieblose Darbietungen, bei denen man sofort spürte: Da geht's nur ums Kassieren!

Als ich jedoch am 18. Oktober 2008 im großen Saal der Wiener Stadthalle das Wien-Konzert von Seminos Solotour miterleben durfte, war mir klar: Etwas Vergleichbares hatte ich eigentlich noch nie gesehen. Ein perfekter Bühnenact, ein perfekter Semino Rossi, der aber nicht ein „eingeübtes Programm" abspulte, sondern jedem der knapp 9000 Besucher an diesem Abend das Gefühl gab, sich ganz persönlich über seine Anwesenheit zu freuen! Herzlich, locker, stimmlich in Höchstform und auch optisch ein Genuss!

Mein Entschluss, über diesen Künstler ein Buch zu schreiben, wurde an diesem Abend zementiert.

Seminos Professionalität gibt mir einmal mehr die Gelegenheit, auch in Form eines Buches auf die außergewöhnlichen Leistungen der Stars aus der Volksmusik- und Schlagerszene hinzuweisen. Sie, die oft von den Kollegen der schreibenden Zunft mit Spott und Hohn übergossen werden, leisten gerade in Zeiten wirtschaftlicher Unsicherheit und düsterer Prognosen einen ungemein wichtigen Beitrag für die Gesellschaft: Sie machen die Menschen glücklich! Jeder auf seine ganz individuelle Art. Über diese können Sie auf den folgenden Seiten mehr erfahren. Aber auch der Mensch Semino, der Charakter und die kleinen Schwächen des Stars sollen nicht zu kurz kommen, denn die persönlichen Seiten des eher scheuen Künstlers sind meiner Meinung nach mindestens genauso spannend wie sein unvergleichlicher Erfolgsweg.

Ich wünsche Ihnen viel Spaß beim Lesen. Tauchen Sie ein in die Welt des Argentiniers, der den deutschsprachigen Musikmarkt erobert und die Herzen der Frauen Europas mit seiner Stimme zum Beben bringt.

¡Suerte y que te vaya bien!

Ihre

Eva Maug

VORWORT I

In Argentinien fremd und in Europa ein Süd-amerikaner … Manchmal frage ich mich, wie Semino Rossi heute zu seiner ehemaligen Heimat und zu seiner jetzigen, Österreich, wirklich steht … Wie entschlossen und verzweifelt muss er gewesen sein, Argentinien und seine Familie für immer zu verlassen? Und wie viel von dem, was ihm in Argentinien (künstlerisch, versteht sich; nicht politisch) im Weg stand, musste er schließlich in Europa wiederfinden?

Jahrelange Entbehrungen und Enttäuschungen, alles in der Hoffnung und dem festen Glauben daran, eines Tages von seiner Musik leben zu können. Welche Wünsche, Erwartungen und Ansprüche an die „Macher" muss man denn erfüllen, wenn man nichts anderes will, als die Menschen

mit seiner Musik zu erreichen und ein bisschen glücklicher zu machen?

Am 12. 9. 1997 strahlte das ORF-Landesstudio Tirol eine Sendung mit dem Titel „Der Weg ist das Ziel – Schlagerstar" aus. Unter anderem mit einem jungen, sehr schüchtern wirkenden Semino Rossi, der jedoch alle Schüchternheit ablegte, wenn er sang.

Vom lieben Gott ausgestattet mit einer unverwechselbaren Stimme und großem musikalischem Talent, sang er sich, mit dem ihm eigenen Ausdruck, in die Herzen des nicht nur weiblichen Publikums und ist zum gefühlvollen musikalischen Begleiter von Millionen geworden. Semino Rossi lebt und liebt seine Lieder genauso wie sein Publikum, und glauben Sie mir, die Menschen haben ein feines Gespür dafür, wer es in der sogenannten „Schunkelbranche" ehrlich meint; wer absolut authentisch ist. Seine Lieder übertreffen zudem die Erwartungen von dem, was ein Schlager sein und wie er interpretiert werden sollte. Alles geht „mitten ins Herz", so, dass man es „nicht mehr aus dem Kopf bekommt".

Es sind mehr als nur einfache Schlager, hochwertig arrangiert und produziert und hundertprozentig auf Semino „zugeschnitten" – immer gepaart mit einer einzigartigen Interpretation. Eine Kunst, welche mit der gleichen Aufmerksamkeit bewahrt und beachtet werden sollte wie so manch andere.

Sitzt man in einem Semino-Rossi-Konzert mitten unter den Fans, entsteht eine Stimmung, der man sich kaum entziehen kann. Ich bin überzeugt, dass Semino ein Konzert oder auch nur einen TV-Auftritt ähnlich wie sein Publikum erlebt. Trotz aller Konzentration und Arbeit, die er leisten muss, gibt es Momente, wo er mit seinem Publikum eins ist.

Ist der letzte Ton verklungen, meint man zu wissen, dass seine Lieder und die Gefühle wahr sind. Sie haben sich nur nicht zugetragen.

Ursula Stiedl
ORF/Redaktionsleitung Show III

Ein Star ganz ohne Allüren

Am 19. September 2008 hatte nicht nur das lang erwartete neue Album von Semino („Einmal Ja – immer Ja"-Tour-Edition) Veröffentlichungstermin, sondern auch meine Wenigkeit Geburtstag. (Jungfrau mit Waage-Aszendent). Ein paar Tage davor traf ich Semino in Wien zum Pressegespräch. Er war wie immer bezaubernd und fröhlich und gab gut gelaunt und in immer besser werdendem Deutsch schlagfertige Antworten, die man dem sonst eher zurückhaltenden Star gar nicht zutrauen würde. Semino wächst mit den Aufgaben. Wo er früher eher offenbar eingelernte Standardantworten gab, nimmt er jetzt engagiert Stellung und ist auch Manns genug, herzlich über

sich selbst zu lachen, wenn sich's ergibt. Ein Charaktermerkmal, das nicht allzu viele große Stars ihr Eigen nennen können.

Auch wenn Seminos Deutschkenntnisse noch nicht „perfecto" sind, hat das Gespräch mit ihm großen Spaß gemacht, denn er versteht es, mit dem Herzen zu sprechen, und seine ehrliche Spontaneität erfrischt.

Bei Semino sind die sogenannten „Skandale", nach denen die Presse so gerne gräbt, rar gesät. Eine stabile Ehe mit einer starken Frau, zwei entzückende Töchter, die Semino eisern aus dem Star-Trubel raushält, und eine Lebensgeschichte, deren einziger „Skandal" es ist, dass sie für uns Fans erst relativ spät bekannt wurde.

◀ *Natürlich und freundlich – Semino bei einem Fotoshooting an einem Frühsommertag.*

Erfolg kommt von harter Arbeit. Das ist eine grundlegende Erkenntnis, die ich und viele Kollegen aus der Branche gemacht haben.

Eva Mang: Semino, du gehörst nun zu den Topstars in der deutschsprachigen Musikszene. Nachdem der musikalische Durchbruch gelungen war, haben sich die Kollegen aus dem Medien auf dich gestürzt, und es gibt nur noch wenige Fragen, die unbeantwortet blieben.
Hast du für uns noch ein „echtes" Geheimnis?
Semino: Liebe Eva, wie du ja weißt, habe ich auf meine Karriere lange warten müssen. Wie dann der ganze Erfolg begonnen hat, war es für mich wie ein Traum, und alles ist so schnell gegangen, dass ich oft am Abend gar nicht mehr gewusst habe, was an einem Tag so passiert ist. Bis zu zehn Interviews täglich – ich weiß jetzt nicht, was ich dir schon alles erzählt habe.

Immer, wenn ich Auszeichnungen bekomme, denke ich mir: Ich will nie die Bodenhaftung verlieren, denn ich will nie mehr dorthin zurück, wo ich vor zwanzig Jahren war.

Eva: Die Geschichte von deiner Reise aus Argentinien und die folgenden Abenteuer bis hin zur Hochzeit mit deiner Gabi kennen unsere Leser, deine Fans, meist schon. Ich würde gerne etwas ganz Besonderes vom *Menschen* Semino hören.

Semino: Also gut. Ich verrate dir ein großes Geheimnis – dass ich ein ganz katastrophaler Heimwerker bin. Ich kann nicht einmal ein Bild mit dem Bohrer und dem Nagel aufhängen. Das hast du noch nicht gewusst, oder?! (Lacht.)

Eva: Semino – aber ihr baut doch ein wunderschönes großes neues Haus in Mils *(in Tirol; Anm.)*. Packst du da gar nicht mit an?

Semino: Ich packe nur bei den Getränkekisten für unsere Arbeiter mit an – ist auch besser so, weil wir ja bald einziehen wollen. Ich möchte gar nicht denken, was passiert, wenn ich mitarbeiten würde. Aber bei der Inneneinrichtung, da plane ich gemeinsam mit Gabi viele Details.

Eva: Dass du Sinn für Schönes hast, beweist ja bereits deine Semino-Rossi-Fan-Collection mit den glitzernden Swarovski-Steinen. Würde dir Design generell Spaß machen?

Semino: Ja, sehr. Ich liebe schöne Dinge, und ich liebe es, zu verschönern. Ich würde zum Beispiel gerne Mode entwerfen, aber nicht für diese dünnen Models, die gerade mal erwachsen werden, sondern für echte Frauen mit Kurven und Lebenserfahrung, das würde mich reizen. Diese Frauen, die aus dem Herzen schön sind und die Lebenserfahrung im Gesicht tragen – das sind die wirklichen Traumfrauen, nicht diese künstlich gemachten.

Eva: Apropos Kinder/Frauen/erwachsen werden: Wie gehen eigentlich deine zwei süßen Töchter mit dem Erfolg ihres Schlagerstar-Papas um?

Semino: Nun ja – Vanessa ist eher begeistert. Sie hilft mir sogar bei die Texte lernen – nein, sagt man beim Textlernen – und will unbedingt, dass ich Deutsch perfekt kann.
Laura ist nicht so für Schlager, mit ihr gehe ich hier

Österreich ist meine neue Heimat. Hier leben meine Kinder, und ich habe hier die schönsten Stunden meines Lebens verbracht.

in Wien zum Salsa-Tanzen ins „Floridita", die lateinamerikanischen Rhythmen wie z. B. Enrique Iglesias oder Shakira gefallen ihr besser.

Eva: Nun ja, lateinamerikanischer Salsa ist ja nicht so weit weg von deinen musikalischen Wurzeln, oder?
Semino: Du hast recht – und ich freue mich auch, dass beide Mädchen musikalisch sind und Klavier spielen lernen.

Eva: Gibt es schon den ersten großen Liebeskummer bei deinen Töchtern? Und wie gehst du als stolzer Papa damit um?
Semino: Oh Gott – na ja, bis jetzt habe ich noch nichts davon mitbekommen, aber du hast recht, das wird eine neue Erfahrung als Vater. An den Kindern sieht man, wie die Zeit vergeht. Eben habe ich ihnen noch die Windeln gewechselt, jetzt muss ich sie

schon zu den Rendezvous bringen. Aber wehe den jungen Männern, die meine Mädchen nicht charmant und höflich behandeln! Dann wird aus dem sanften Semino ein zorniger „El Papá".

Eva: Wieder zurück zur Musik. Möchtest du auch mal in andere Gesangsgenres „schnuppern"? Etwa Musical oder Operette?
Semino: Nein, momentan ist das nicht geplant. Ich habe so viel mit meiner Musik und meinen Tourneen zu tun.
Meine Fans lieben die Semino-Lieder, und das will ich ihnen bieten, solange sie es möchten – hoffentlich noch lange. (Lacht.)
Aber vor meinen Kollegen, die Operette singen, habe ich großen Respekt, das ist sehr schwierig. Und beim Musical kommt noch der Tanzen, ach nein, das Tanzen dazu. Auch das überlasse ich lieber Profis. Eine große Leistung von den Musicalstars: Singen und Tanzen gemeinsam!

Eva: Stichwort Fans: Sind dir deine Fans nicht manches Mal zu lästig? Wenn sie dich nach den Auftritten bestürmen oder auch vor der Bühne stehen und mit ihren Paketen und Blumen winken?
Semino: ABER NEIN! No, no! Meine Fans sind doch keine Belastung! Schließlich bin ich dafür da,

Das, was ich in meinem Leben schon gesehen habe und lernen konnte, hilft mir sehr. Ich habe dadurch die Kraft gewonnen, jeden erdenklichen Moment zu bestehen.

ihnen Freude mit meiner Musik zu machen. Blumen und Schokolade liebe ich – auch wenn ich nicht alles selber essen darf! –, aber ich freue mich immer, wenn meine Fans an mich denken. Nur einmal – das war in Deutschland mit meiner Mama –, da hat eine Dame meine Mutter so fest umarmt, dass sie Angst bekommen hat. Aber wir haben das schnell geklärt, und „drücken" darf meine Mama nur ich alleine!

Besonders stolz bin ich, dass ich auch kleine Kinder als Fans habe – so zirka sieben bis zehn Jahre alt! Denn Kinder haben ein unverdorbenes Gefühl für schöne Musik und Klänge, die bis ins Herz gehen. Auch wenn ein kleiner Junge mich mal mit Kevin Costner angesprochen hat. Er fand, Semino Rossi klingt ein bisschen so. Ich fand das sehr lustig, und am Ende meines Konzerts war er zufrieden, dass Semino und nicht Kevin gesungen hatte.

Eva: Diese Einstellung zeugt von großer Professionalität. Du bist ein „geerdeter" Superstar, wenn ich das so ausdrücken darf.
Semino: *Das, was ich in meinem Leben schon gesehen habe und lernen konnte, hilft mir sehr. Ich habe dadurch die Kraft gewonnen, jeden erdenklichen*

Moment zu bestehen. Ich kann spontan auf einer Party singen, wo mir nur ganz wenige Leute zuhören, oder eben wie jetzt in einer Halle vor 9000 Menschen. Das Gefühl, dass diese 9000 Menschen auf mich, den Semino Rossi, warten, gibt mir ungeheures Selbstvertrauen. Man muss sich einfach hinstellen und loslegen, aus sich herausgehen, das Maximum geben. Ich weiß den Respekt der Fans und den daraus resultierenden Erfolg zu schätzen, der mir auf meinem Weg nach oben gelungen ist. Immer, wenn ich eine Goldene und eine Platin-Schallplatte überreicht bekomme, denke ich daran, wie es auf der Straße war. Ich will die Bodenhaftung nie verlieren, denn ich will nicht dorthin zurück, wo ich vor 20 Jahren war!

Eva: Kannst du dem Musikernachwuchs einen wertvollen Tipp auf dem Weg zum Erfolg mitgeben?
Semino: *Erfolg kommt von harter Arbeit! Das ist die grundlegende Erkenntnis, die ich und viele bekannte Kollegen aus der Branche gemacht haben. Natürlich braucht man auch das Quäntchen Glück und Talent. Das ist es auch, was mich an diesen ganzen „Superstar"-Sendungen stört: Junge Menschen wollen von heute auf morgen alles erreichen, ohne da-*

für den mühevollen Weg in Kauf zu nehmen. Denen fehlt dann aber die Basis, die jeder Künstler unbedingt braucht. Dann kommen noch schlechte Berater dazu, und die Chance ist vertan.

Eva: Wie schaffst du es, immer diese tolle Stimmung von der Bühne zu strahlen? Man ist ja nicht jeden Tag gleich gut drauf.
Semino: Wie gesagt, ich habe eigentlich immer Lust, auf die Bühne zu gehen. Jeden Tag ist das Publikum anders, die Stimmung anders. Dadurch entsteht, obwohl es immer die gleichen Lieder sind, bei jedem Konzert eine andere, ganz eigene Konstruktion – ich meine natürlich Konstellation. Außerdem bin ich einfach ein großer Romantiker, nicht nur auf der Bühne, sondern auch im normalen Leben. Insofern kann ich mich schnell in die Stimmung hineinfinden.

Eva: Dann bedanke ich mich für das Gespräch bei einem großen Romantiker der Musik und wünsche dir und deiner Familie alles Gute.
Semino: Ich sage muchas gracias und wünsche allen Freunden und Fans Gesundheit und viel Glück.

Der Undank ist immer eine Art Schwäche. Ich habe nie gesehen, dass tüchtige Menschen undankbar gewesen wären. Johann Wolfgang von Goethe

VOM STRASSENSÄNGER ZUM SUPERSTAR

Kindheit und Jugend in Argentinien

Seminos Kindheit in Rosario beschreibt der Künstler selbst immer als glücklich und friktionsfrei. Sicher ist es so, dass man nach einigen Jahren Distanz dazu neigt, die Dinge und Ereignisse zu verklären, denn die sozialen Missstände, die zur damaligen Zeit in Argentinien herrschten, betrafen auch die Familie Rossi mit ihren zwei Söhnen.

Mama Esther und Papa Enrique haben jedoch mit der unglaublichen Kraft von liebenden Eltern versucht, ihren Kindern ein behütetes Zuhause und die Herzensbildung zu geben, an die sich Semino auch heute noch gerne erinnert. Die Tatsache, dass er trotz der großen geographischen Dis-

tanz versucht, so viel Zeit wie möglich daheim in Rosario bei Mama und Bruder zu verbringen, beweist die enge Bindung des Superstars an die Werte und Erinnerungen seiner Kindheit.

▲ *Familienfeier im Hause Rossi: Klein Semino (links vorne) wurde mit weißem Hemd und Fliege fein gemacht.*

▲ *Perito-Moreno-Gletscher in Patagonien*

▲ *Caviahue, Provinz Neuquén*

▲ *Buenos Aires – La Boca*

▲ *Buenos Aires – Puerto Madero*

ARGENTINIEN

Um Semino Rossi zu verstehen, muss man auch ein paar Einzel- und Besonderheiten seiner Heimat Argentinien kennen.

Argentinien (spanisch: Argentina) ist der achtgrößte Staat der Erde und der zweitgrößte des Kontinents; in Bezug auf die Einwohnerzahl nimmt es dort den dritten Rang ein. Wegen seiner großen Nord-Süd-Ausdehnung hat das Land Anteil an zahlreichen Klima- und Vegetationszonen. Der Name kommt vom lateinischen Wort für Silber, argentum, und liefert einen Hinweis darauf, welche Schätze die Eroberer hier zu finden hofften. Bis zu seiner Unabhängigkeit 1816 war Argentinien Teil des spanischen Kolonialreiches. Heute leben hier rund 40 Millionen Menschen. Man schätzt, dass mehr als 25 Millionen Argentinier mindestens einen italienischen Vorfahren haben. Italiener sind somit eine der wichtigsten ethnischen Gruppen Argentiniens. Alleinige Amtssprache ist in Argentinien jedoch Spanisch.

Nach dem Versiegen des Einwandererstroms um 1930 verursachte die Industrialisierung eine Binnenwanderung, deren Ziel vor allem Buenos Aires und,

▲ *Großvater José mit Seminos Bruder Daniele und zwei Kindern aus dem großen Freundeskreis in Rosario.*

Der kühle Fluss war für Semino und seine Freunde im Sommer ein beliebter Treffpunkt. Von hier aus startete so manches Jungen-Abenteuer. ▶

mit einigem Abstand, Córdoba und Rosario waren. Dieser Strom hielt bis in die 1970er Jahre an. Zwischen 1991 und 2001 verlor die Stadt Buenos Aires sieben Prozent ihrer Bewohner, die Bevölkerung des Ballungsraums der Stadt insgesamt stieg nur noch leicht an, auch Rosario stagnierte. Die soziale Situation des Landes Argentinien ist in mehrfacher Hinsicht durch starke Ungleichheit gekennzeichnet. Es gibt einerseits ein sehr großes Wohlstandsgefälle zwischen Ober- und Unterklasse. So gehören die Gehälter argentinischer Topmanager zu den höchsten Südamerikas, während die ärmsten 40 Prozent der Bevölkerung sich mit nur zehn Prozent des gesamten Volkseinkommens zufriedengeben müssen.

Die Heimatstadt Seminos, Rosario, ist die drittgrößte Argentiniens; ihre dauerhafte Besiedlung begann im 17. Jahrhundert. Der erste Landbesitzer war Luis Romero de Pineda, und die erste offizielle koloniale Siedlung initiierte Santiago de Montenegro, der 1751 zum Bürgermeister der Siedlung ernannt wurde. Ein konkretes Gründungsdatum gibt es nicht, die Stadt entwickelte sich im 18. Jahrhundert nur langsam aus einer kleinen Ansiedlung rund um eine Kapelle der Jungfrau von Rosario, von der die Stadt auch den Namen hat (rosario: span. für Rosenkranz). Neben den Sängern Semino Rossi und José Cura sowie dem weltbekannten Revolutionär Che Guevara stammt noch eine Vielzahl berühmter Fußballer wie César Luis Menotti, Maxi Rodríguez oder Santiago Solari aus Rosario.

Heimat ist immer noch
Sehnsucht nach der Kindheit.

Heinrich Böll

▲ *Easy Rider – schon früh interessierten sich die Jungs für heiße Eisen! Papa Enrique erlaubte aber nur Probesitzen.*

Noch ein Gruppenbild: Semino hier mit Baby auf dem Arm, wieder im Kreise der großen Familie. ▲

▲ *Wie es auch bei uns üblich ist, wurde anlässlich eines Geburtstages ein „Lebensbäumchen" gepflanzt. Eine alte, wunderschöne Tradition. Semino ist anhand seiner Lockenpracht immer leicht zu erkennen.*

Ich erinnere mich an Jugend und an das Gefühl, das niemals wiederkehren wird – das Gefühl, dass mein Leben ewig währen könnte, dauerhafter als das Meer, die Erde und alle Menschen. Joseph Conrad

Familienausflug: Seminos Eltern nahmen sich viel Zeit, um ihren Söhnen die Schönheiten der Heimat zu zeigen und zu erklären. ▶

ROSARIO: SEMINOS KINDHEIT
Reichtum hat nicht immer mit Geld zu tun

Als Semino Rossi am 29. Mai 1962 in einem Vorort der drittgrößten argentinischen Stadt Rosario geboren wurde, erfuhr er vom ersten Tag an Liebe und Geborgenheit. Die Familie lebte in einfachsten Verhältnissen, und es mangelte oft an allen Ecken und Enden. Der Vater war Tango-Sänger, die Mutter Pianistin – man sieht also, Musik wurde Semino quasi in die Wiege gelegt. Gemeinsam mit seinem Bruder Daniele wuchs Semino behütet und geliebt auf.

Semino Rossi erinnert sich: „Ich war arm, aber reich an Liebe. In meiner großen Familie, die nicht viel zum Leben hatte, wurde Wert auf Zusammengehörigkeit gelegt. Auch wenn es zwischen den Eltern und

Rosario – Parque de Esp

▲ *Rosario – Terminal de Ómnibus*   ▲ *Rosario-Victoria-Brücke*

▲   *Die Stadt Rosario*

Am Ufer des Paraná bei Rosario.   ▶

▲ *Argentinien – das Land der extremen Gegensätze.*
Der weltberühmte Revolutionär Ernesto „Che" Guevara,
der ebenfalls in Rosario geboren wurde.

Die Madonna del Rosario (hier aus dem Mailänder Dom),
die als Schutzheilige für viele emigrierte Italiener
eine große spirituelle Bedeutung hat. ▶

uns Kindern mal Streitigkeiten gab – nach außen sind wir immer füreinander eingestanden. So wurde ich erzogen, das prägt mich noch heute. Mama und Papa vermittelten mir durch ihre Einsichten und ihre Erziehung viele wertvolle Dinge. Sie lebten mir zum Beispiel vor, dass man jeden Tag mit Freude neu beginnen soll. Dass Gebete zum Leben gehören und dass Aufrichtigkeit und Vertrauen keine leeren Worte sind."

Abends saß die Familie zusammen und musizierte gemeinsam. Semino: „Mama setzte sich dann ans Klavier, und wir alle – Opa José, Cousin Sergio, Papa Enrique und mein kleiner Bruder Daniele – stimmten unsere Lieblingslieder an. Die Atmosphäre, die dabei entstand, war magisch. Meine Eltern verwöhnten uns nicht mit Spielzeug oder Süßigkeiten, sondern mit Zuwendung und Aufmerksamkeit."

Und da ist noch etwas, was die Eltern Semino Rossi mit auf den Lebensweg gegeben haben: Zuversicht. Ein wertvolles Gut, von dem Semino in den kommenden Lebensjahren noch viel profitieren konnte. Der Sänger darüber: „Meine Familie konnte häufig nur von einem Tag auf den anderen planen. Aber trotzdem hatte ich als Kind keine Angst vor der Zukunft. Ich spürte, wie sehr meine Eltern mich liebten – und das gab mir die Sicherheit."

Mama Esther

Das Mutterherz ist der schönste und unverlierbare Platz des Sohnes, selbst wenn er schon graue Haare trägt. Und jeder hat im ganzen Weltall nur ein einziges solches Herz.

Adalbert Stifter

Nur wer Liebe erfahren
hat, der kann auch
Liebe verschenken …

Keine verdient mehr Liebe als Mama Esther

Der bekannte Psychologe Alfred Adler spricht vom „inneren Kind". Seine Theorie besagt, dass nur derjenige ein glücklicher Mensch werden kann, der sich an dieses „innere Kind" anbindet. Es steht für Hoffnung, Urvertrauen, Lebensbejahung, Schaffenskraft, Kreativität, Neugier, die Lust am Gestalten und Ausprobieren. All das sind Attribute, die ein Künstler, ein Star benötigt, und all diese stärkte Seminos Mutter Esther schon von den ersten Lebensjahren an. Sie gab dem äußeren und dem inneren Kind Semino den Halt und das Selbstvertrauen, das er in den späteren Jahren unzählige Male benötigen sollte. Nie mutlos sein, immer bereit, das Scheitern als Chance zu sehen, die Niederlage als Möglichkeit – das alles gelingt nur mit dem nötigen Urvertrauen in sich selbst.

◄ *Ein Herz und eine Seele – Mama Esther und ihr „Chico" Semino.*

Stolz auf ihren
berühmten
Sohn.

MAMA ESTHER
Interview mit Semino zum Muttertag!

Dass Mama Esther für Semino eine ganz besondere Bezugsperson ist, wissen mittlerweile alle Fans und Berater des Stars. Die Tatsache, dass Semino seiner Mama beweisen kann, dass er es als Sänger tatsächlich geschafft hat, dass ihr Vertrauen, das sie seit seiner frühesten Kindheit in ihn hatte, belohnt wurde, macht ihn stolz. Selbstverständlich ist die Liebe einer Mutter nicht vom Erfolg oder Misserfolg eines Kindes abhängig; für Mütter sind die eigenen Kinder sowieso immer Stars, aber Esther Rossi ist natürlich schon gewaltig stolz und zufrieden, was die Entwicklung und Karriere ihres Sohnes betrifft.

Über Seminos ganz besondere Beziehung zu seiner Mama haben wir ihn anlässlich des Muttertags, der in seiner Heimat besondere Bedeutung hat, befragt.

Muttertag ist für den Superstar etwas ganz Besonderes

Wie wurde bei euch zu Hause in Argentinien Muttertag gefeiert, was für Geschenke habt ihr eurer Mutter gemacht?
In Argentinien ist der Muttertag ein großes Familien-

▲ *Nach so vielen Jahren der Entbehrungen kann Semino seiner Mama endlich die Welt zeigen und ihr auch ein wenig Luxus bieten.*

Esther Rossi glaubte stets an ihren Sohn und unterstützte seine musikalischen Bestrebungen nach besten Kräften. ▶

▲ *Die erste gemeinsame Kreuzfahrt. Semino buchte eine Luxuskabine für seine Mama und überreichte ihr bei jeder Gelegenheit rote Rosen.*

▼ *Ein Schnappschuss für das Familienalbum der Rossis. Da werden die Angehörigen daheim in Rosario Augen machen.*

fest, alle Verwandten sind zu uns gekommen. Wir waren ja eine sehr große Familie, und damit unsere Mutter einen schönen Tag hatte, waren wir Kinder eben besonders brav an diesem Tag. Papa hat für das Essen gesorgt – ja, daran kann ich mich noch gut erinnern, es wurde immer gegrillt. Von uns Kindern bekam die Mama in erster Linie Blumen.

Warst du ein braves Kind?

Ich war ein braves Kind, wollte meinen Kopf aber immer wieder durchsetzen, was für meine Mutter nicht immer lustig war. Ich habe sie als Kind aber immer geliebt und liebe sie natürlich heute noch immer.

▲ *Ein gemütlicher Bummel durch die romantische Innenstadt einer mediterranen Insel.*

▲ *Endlich Zeit füreinander! Die beiden
genießen die Sehenswürdigkeiten während
eines Landausfluges am Mittelmeer.*

Wie hast du deine Mutter aus deiner Kindheit in Erinnerung?

Meine Mama ist als Ganzes für mich eine wunderschöne Erinnerung. Eine Frau, deren Herz voll mit Liebe für uns war. Sie hatte in jeder Situation, egal ob Freude oder Trauer, immer die richtigen Worte und Ratschläge für mich. Ich bin sehr glücklich, so eine Mama zu haben.

Dein schönstes Erlebnis mit deiner Mama?

Meine Mama fuhr jedes Wochenende mit uns ins Schwimmbad, das war gleich neben einem Fluss. Dort hat sie mir das Schwimmen beigebracht. Wir waren ganz allein, und sie hat sich nur dafür Zeit genommen. Auch wenn es nicht gleich geklappt hat, war sie diejenige, die mich ständig ermuntert hat, nicht aufzugeben und mich anzustrengen und immer für das zu arbeiten, was ich erreichen wollte. Und was das Schönste an meiner Mutter war: Ich konnte mit ihr immer herzlich lachen!
Beim Karl Moik im „Stadl" in Bremen am 22. Mai 2004 hat das TV-Team meine Mama extra einfliegen lassen. Ich hatte nichts davon gewusst. Wir hatten uns schon fünf Jahre nicht mehr gesehen. Das war für uns beide eines der schönsten Erlebnisse unseres Lebens. Das werde ich auch niemals vergessen.

War sie es, die dich auch bei deiner Sängerkarriere unterstützt hat?

Meine Mama hat fast 22 Jahre für meinen Wunsch gebetet! Ich habe ihr immer erzählt, dass ich Sänger werden möchte, und sie hat mich unterstützt, ja sogar für mich gebetet. Jetzt kann ich ihr zeigen: „Schau her, das ist mein Traum, ich habe ihn für dich und mich erfüllt!" Dass meine Mama diesen Triumph miterleben kann, ist sicher das schönste Muttertagsgeschenk der Welt!

Gab es ein Lied, das sie dir in der Kindheit vorgesungen hat?

„Manuelita", ein Lied von einer Schildkröte, ein argentinisches Kinderlied, das werde ich nie vergessen. Sie hat uns das ständig vorgesungen.

Wie wird jetzt bei euch zu Hause in Tirol Muttertag gefeiert?

Unsere Töchter Vanessa und Laura machen das Frühstück, das wird immer sehr liebevoll dekoriert. Zu Mittag gehen wir in ein schönes Restaurant. Der Muttertag soll ein Ehrentag für alle Frauen sein. Schließlich sind sie es, die unsere Kinder und damit unsere Zukunft bestimmen. Sie haben meistens sehr viel Kraft und müssen so viel leisten, dass dieser eine Tag nur ihnen gehören soll, und der muss auch entsprechend gewürdigt werden. Rote Rosen gehören selbstverständlich auch dazu!

Und so kommentiert Mama Esther das unglaubliche Glück ihres älteren Sohnes Semino:*

„Ich habe immer an Semino geglaubt. Ich habe den Erfolg gespürt."
Wird er genug Geld verdienen, um sich ernähren zu können? Wird es ihm gutgehen? Wird er fern der Heimat sein Glück finden? Diese Fragen stellte sich Esther Rossi (74), Seminos Mutter, vor 24 Jahren. Es war der Tag, an dem ihr Sohn seinen Koffer packte und die Gitarre nahm, um nur mit einem Hinflugticket nach Spanien zu reisen.
Doch trotz all dieser Fragen und Sorgen, die sich wie feine Nadelstiche in ihr Herz bohrten, spürte Esther Rossi, dass ihr Sohn Erfolg haben würde. Die Zeit hat ihr recht gegeben, und heute sagt sie: „Ich habe immer an meinen Semino geglaubt!"
Esther Rossi erinnert sich: „Wir haben ihn stets in all seinen Vorhaben und Plänen unterstützt – besonders in seinem Wunsch, Musiker zu werden. An jenem Tag musste ich meinen Sohn in eine ungewisse Zukunft ziehen lassen. Für mich als Mutter war das nicht leicht, denn schließlich war Semino sehr behütet im Kreise unserer Familie aufgewachsen.
Aber nun zog es ihn eben fort. In dieser Situation hat es mir viel Kraft gegeben, dass mein Mann und ich Semino sorgsam auf diese Welt dort draußen vorbereitet hatten. Und wir haben ihn außerdem dazu erzogen, niemals aufzugeben und immer das große Ziel vor Augen zu haben." Über 16 Jahr lang verfolgte Semino Rossi sein Ziel, mit der Musik erfolgreich zu werden, er gab sich nie auf – und wurde so zu einem der erfolgreichsten Schlagersänger Europas.

Mit diesem Ausmaß des Erfolges hatte seine Mutter damals allerdings nicht gerechnet. Esther Rossi: „Semino ging mit 23 Jahren fort, um Musik zu machen. Er wollte seine Lieder singen und damit genug Geld verdienen, um ein unbeschwertes, glückliches Leben zu führen. Das hat er erreicht, und er hat sein Ziel sogar weit übertroffen! Ich bin so stolz auf meinen Sohn und hätte mir gewünscht, dass sein Vater diese Jahre hätte miterleben können. Doch leider ist er viel zu früh gestorben."

Es ist jedoch nicht allein der musikalische Erfolg ihres Sohnes, der Esther Rossi zu Tränen rührt. Sie sagt: „Mein Sohn ist nicht nur ein toller Musiker, sondern er ist für seine Frau ein liebevoller Ehemann, für seine Töchter ein verantwortungsvoller Vater, und er hilft denen, die nur wenig haben. All das ist es, was mein Mann und ich uns gewünscht haben." Und dann sagt sie: „Semino, du bist der Stolz deiner Mutter." *

*Auszug: „Neue Post"-Sonderheft 2007

Die Familie ist das
Vaterland des
Herzens. Giuseppe Mazzini

Die Dankbarkeit ist eine wenig gepflegte Tugend. Sie hat sicher auch etwas mit dem Alter zu tun, damit man erkennen kann, worauf es im Leben wirklich ankommt.

DIE BASIS – DIE FAMILIE

„Ich hab vieles von meinen Eltern gelernt. Sie haben mir die Dinge auf den Weg gegeben, die man nicht kaufen kann, weil sie aus dem Herzen kommen."
In der heutigen, schnelllebigen Zeit ist es vielen Kindern nicht vergönnt, in einer intakten Familie aufzuwachsen. Semino Rossi aber hatte in den frühen 1960ern dieses Glück. Hier erzählt er, was er seiner Mutter Esther (74) und seinem Vater Enrique († 71) zu verdanken hat.

„Um es kurz zu machen: Ich verdanke ihnen alles! Sie haben mir Dinge mit auf den Weg gegeben, die man nicht kaufen kann, da sie aus dem Herzen kommen. Viele meiner Charakterzüge, die sich im Laufe der Jahre bei mir ausgeprägt haben, gehen auf die liebevolle und behutsame Erziehung meiner Eltern zurück."

Menschlichkeit: „Wenn man sich auf der Welt umschaut, dann muss man leider immer wieder feststellen, dass die Menschlichkeit, das Gefühl zwischen den Menschen in vielen Situationen auf der Strecke bleibt. Mama und Papa haben stets versucht, mir diesen Wesenszug vorzuleben, dass es für mich heute selbstverständlich ist, Menschlichkeit in mein alltägliches Handeln einzubeziehen – ganz egal, in welcher Situation. Das Motto ‚Leben und leben lassen' hat grundlegend mit dieser Einstellung zu tun."

Hilfsbereitschaft: „Auch diese Tugend habe ich von Mama und Papa übernommen. Obwohl sie nur über bescheidene Mittel verfügten, haben sie das wenige, das sie hatten, gern geteilt. Damals in Argentinien waren die Zeiten wirtschaftlich und politisch nicht gerade einfach, aber die Hilfsbereitschaft, egal ob in der Familie oder in der Nachbarschaft, hatte bei uns einen hohen Stellenwert. Seither versuche ich, egal wie gut oder schlecht es mir geht, anderen Menschen etwas zu geben, um ihnen zu helfen. Dieses Gefühl gibt auch einiges zurück, denn die Dankbarkeit des Gegenübers ist eine wunderbare Antwort auf diese Geste."

Rücksichtnahme: „Von klein auf wurde ich so erzogen, dass man Rücksicht auf seine Mitmenschen nehmen soll. Durch unsere große Familie war das oft gar nicht anders möglich. Wir lebten ja auf kleinstem Raum, und so musste jeder versuchen, seinen Teil an Toleranz beizutragen. Sie waren mir auch in dieser Hinsicht ein Vorbild. Leider leben wir heute in einer Welt, in der es anscheinend nicht mehr zu den Erziehungswerten gehört, Rücksicht auf andere Menschen zu nehmen. Unter dem Motto ‚Hauptsache, mir geht's gut!' wird leider viel zerstört. Nicht nur im Kleinen, sondern, wie wir jetzt sehen, auch in großen wirtschaftlichen Zusammenhängen. Wir begegnen in unserem Leben überall und täglich Menschen, die nur eines im Sinn haben: sich anderen gegenüber ohne Rücksicht durchzusetzen und nur den eigenen Vorteil zu sehen."

Viele meiner Charakterzüge gehen auf die liebevolle und behutsame Erziehung meiner Eltern zurück. Menschlichkeit, Hilfsbereitschaft, Respekt, Lebensfreude und Zuversicht – um nur einige zu nennen.

Respekt: „Meine Mutter hat mich früher immer ermahnt: ‚Semino, du musst deinen Mitmenschen mit Respekt begegnen.' Dadurch habe ich schon als Kind gelernt, andere Menschen, fremde Kulturen und Bräuche, unterschiedliche Meinungen und verschiedene Geschmäcker ganz selbstverständlich zu akzeptieren und zu respektieren. Ein respektvoller Umgang miteinander gehört für mich zu den wichtigsten Umgangsformen. Wie viel Leid würden wir uns ersparen, wenn diese einfache Einsicht in der Welt öfter vorkäme."

Lebensfreude: „Südamerikanische Lebensfreude haben wir Kinder nicht nur durch unsere Heimat, sondern auch durch meine Eltern vorgelebt bekommen. Wie gesagt: Wir waren arm, aber Mama und Papa hatten dennoch ein Leuchten in ihren Augen, wenn wir gemeinsam am Abend Lieder gesungen haben, wenn die Familie zum Essen zusammengekommen ist oder wir einen Geburtstag oder eine Hochzeit feiern konnten. Denn wer mit Freude durchs Leben geht, der strahlt vor positiver Energie, und dem stehen alle Türen offen. Es kann so herrlich einfach sein!"

Positive Energie: „Eng verbunden mit Lebensfreude ist die positive Energie. Sie hilft, das Leben und das Schicksal zu meistern – besonders in schweren Zeiten. Das habe ich selbst oft genug erlebt. Ich bin fest davon überzeugt, dass sich durch positive Energie Berge versetzen lassen. Und mit der positiven Energie kann es jedem gelingen, sich wie an einem Seil aus allen schweren Lebenslagen zu befreien."

Zuversicht: „Selbst in den schwierigsten Lebenslagen verlor ich nie die Zuversicht. Nicht nur mein Glaube half mir dabei, sondern auch mein Elternhaus. Immer nach vorne schauen und nicht in Ängsten und Zweifeln verharren. Wenn man meint, man ist ganz unten und kann nicht mehr weiter, dann muss man sich innerlich aufrichten, den Kopf nach oben, und sagen: Jetzt erst recht! Nur so hat man sein Leben selbst in der Hand."

Musikalität: „Musik ist die wunderbarste Sache der Welt. Sie hält für jeden Menschen – ganz gleich, in welcher Lebenslage er ist – das richtige Lied bereit. Ein melancholischer Tango, eine romantische Ballade oder ein lustiges Tanzlied – Musik hilft, die verschiedenen Situationen des Lebens zu meistern."

Die Jugend hat Heimweh nach der Zukunft.   Jean-Paul Sartre

DIE TEENAGER-JAHRE
Eine harte Zeit für den sensiblen Musiker

Semino wuchs in einer politisch sehr unruhigen Zeit auf. Die argentinische Innenpolitik war alles andere als liberal, und dem sensiblen, musisch begabten Teenager blieb wenig Zeit, seine Träume auszuleben. In dem damals herrschenden Klima der Gewalt hatte in Seminos Heimat Argentinien niemand wirklich Lust auf sentimentale Schlager und Balladen über die Liebe. Als Sänger war man nur erfolgreich, wenn man die damals erwünschten „Revolutionslieder" trällerte. Semino musste seinen Lebensunterhalt bestreiten und natürlich auch seiner Mutter finanziell unter die Arme greifen. Neben einer kaufmännischen Ausbildung und dem Diplom als Schwimmlehrer und Rettungsschwimmer sowie dem Pianounterricht durch Mama Esther hörte Semino Gott sei Dank jedoch nie auf, sein Gitarrespiel zu perfektionieren und den Gedanken an eine Sängerlaufbahn zu festigen.

Um die Entscheidung Seminos, seine Heimat und seine geliebte Familie zu verlassen, etwas besser zu verstehen, haben wir hier in kurzen Zeilen eine Zusammenfassung der damaligen Situation in Argentinien versucht.

Die Anfänge waren alles andere als einfach. Oft wurde Semino aus den Restaurants gejagt – er spricht davon, wie sehr er sich damals schämte. ▼

▲ *Der Jugendtraum des Argentiniers: mit der Gitarre auf der Bühne und mit den eigenen Liedern das Publikum bezaubern.*

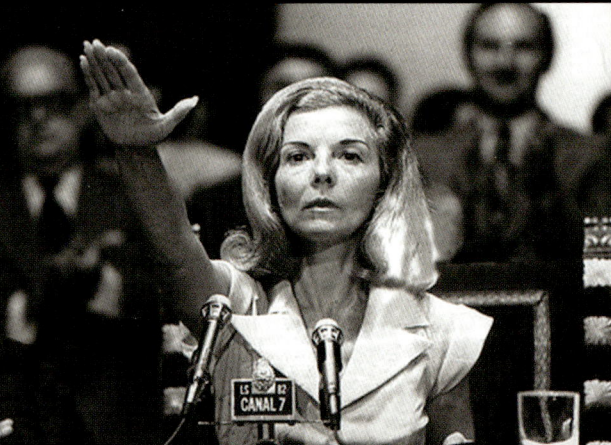

▲ *Turbulente Zeiten ließen Militärs und autoritäre Machthaber(innen) das Schicksal Argentiniens bestimmen. Mit Isabel Martínez de Perón schöpften viele Argentinier kurz Hoffnung, die jedoch kurz darauf von einer Militärjunta rund um die Generäle Videla, Agosti und Massera wieder zunichte gemacht wurde.*

▲ *Evita und Juan Perón*

Ein kurzer geschichtlicher Hintergrund der damaligen Zeit

Argentinien 1976–1982: Das Junta-Regime und die Verschwundenen

Argentinien blickte 1976 bereits auf eine Tradition von militärischen Staatsstreichen zurück, die sich seit 1930 aneinanderreihten. Das grundsätzlich fehlende Vertrauen in die Demokratie war eine der Voraussetzungen für den Putsch. General J. D. Perón, der nach einem Sieg der Peronisten aus dem Exil zurückkehrte, wurde 1973 zum Präsidenten gewählt. Nach seinem Tod im darauf-

▲ *General Juan Domingo Perón*

▲ *Isabel Perón*

folgenden Jahr übernahm Peróns Ehefrau Isabel die Regierung. Während ihrer Präsidentschaft verschlechterte sich die politische und wirtschaftliche Lage des Landes nochmals, was zu rapide steigenden Lebenshaltungskosten und zunehmenden terroristischen Aktivitäten sowohl von rechten als auch linken Gruppen führte. Bereits während ihrer Amtszeit existierte eine Art Geheimpolizei, die eine Reihe von Morden an Gewerkschaftern und Politikern zu verantworten hatte. Eine weitere Gruppe von Militärs um General Videla bereitete ab Oktober 1975 den Sturz der Präsidentin vor. Am 24. März 1976, als Isabel Perón mit einem Helikopter vom Regierungssitz ins Präsi-

▲ *Die Presse bot jeden Tag neue schreckliche Schlagzeilen. Nicht immer entsprach alles der Wahrheit.*

▲ *Kinder und Krieg – zwei Begriffe, die eigentlich nie gemeinsam vorkommen sollten. Die Faszination der Flugzeuge, die man auf dem kleinen Flugplatz auf den Falklands ganz aus der Nähe sehen kann, war trotzdem groß.*

dentendomizil fliegen wollte, wurde sie in den militärischen Bezirk der Luftwaffe gebracht, verhaftet und ihrer Ämter enthoben. Das Junta-Regime der Generäle Videla, Agosti und Massera ging mithilfe der Streitkräfte gegen jede Form des Widerstandes, politisch oder nicht, vor. Presse- und Meinungsfreiheit wurden zu Leerformeln. Gegner jeden Alters, aller politischen Überzeugungen und sozialen Stellungen wurden diskriminiert, bedrängt, in illegale Gefängnisse verschleppt, gefoltert und umgebracht.

Die Gefängnisstrukturen existierten versteckt unter der Erde, in Buenos Aires und über ganz Argentinien verteilt. In diesen Lagern wurden die Menschenrechte auf grausame Weise verletzt. Die Verdächtigen wurden von den zuständigen Einheiten meist am Arbeitsplatz oder unter freiem Himmel – oft am

helllichten Tag – aufgegriffen und „eingeliefert". Von außen wirkten Fassaden und Namen dieser Folterstätten unauffällig: Garage Olimpo (Werkstatt Olymp), La Perla (Die Perle), Orletti Automotores (Automotoren Orletti), Club Atlético (Athletic-Sportklub). Hinter ihnen verbargen sich in Wahrheit jedoch Schreckenskammern – ein Abgrund ohne Rückkehr für schätzungsweise 30.000 Menschen.

Während über ihren Köpfen das Leben normal weiterging, bestand die Normalität für die Inhaftierten aus Dunkelheit, Missbrauch und Gewalt. Für ihre Familien war es unmöglich, irgendetwas über sie und ihren Aufenthaltsort zu erfahren. Viele dieser Verschwundenen, der „desaparecidos", machten schließlich ihre letzte Reise an Bord von argentinischen Militärflugzeugen. Bis heute engagieren sich Organisa-

▲ *Ein abgeschossener britischer Hubschrauber –*
Strandgut des unseligen Krieges.

tionen und Gruppen von Angehörigen (Mütter:
„Madres de Plaza de Mayo" oder auch Großmütter:
„Abuelas de Plaza de Mayo"), um Gewissheit zu finden. Es herrscht Uneinigkeit über die Anzahl der
während der Militärdiktatur verschwundenen Menschen. Offiziell ermittelte eine Untersuchungskom-
mission 8960 Verschwundene, die obengenannten
Organisationen gehen jedoch von 30.000 Personen
aus, die bis heute vermisst werden. Die meisten Op-
fer der Diktatur verschwanden in den ersten beiden
Jahren. Während der Fußballweltmeisterschaft 1978
stand Argentinien im Blickpunkt der Weltöffentlich-
keit. Während auf deutschen Bildschirmen Udo Jür-
gens „Buenos dias, Argentina" schmetterte, agierten
die Generäle unauffälliger, aber auch in dieser Zeit
wurden Menschen verschleppt und gefoltert.

▲ *Wenngleich durch den argentinischen Angriff über-*
rascht, erwies sich Großbritannien schließlich als überlegen,
und die Inseln blieben in britischer Hand, was den Wün-
schen der britischen Einwohner entsprach. In Argentinien
führte der Ausgang des Krieges zum Sturz der Militärjunta
und zur Wiederherstellung des demokratischen Systems.

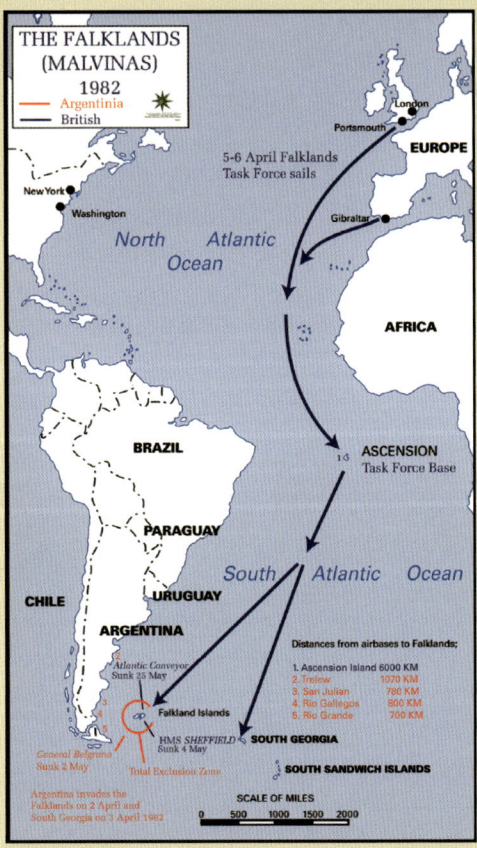

▲ *Die Falklandinseln*

In diesem Klima der Gewalt hatte in Seminos Heimat also niemand wirklich Lust auf sentimentale Schlager und Balladen. Als Sänger konnte man nur Erfolg haben, wenn man die zu jener Zeit erwünschten „Revolutionslieder" zum Besten gab. Selbst für den über alles geliebten Tango waren diese Jahre eher bitter und unerfreulich. Semino berichtet über diese für ihn sehr belastenden Jahre:

Im Falklandkrieg traf ich die schwerste Entscheidung meines Lebens

Die frühen 80er Jahre waren keine leichte Zeit für mich. Sosehr ich mich in Argentinien auch bemühte, einen Plattenvertrag zu bekommen – niemand wollte mir eine Chance geben. Nachdem ich 1980 mein Abitur gemacht hatte, klapperte ich die großen Musikfirmen in Buenos Aires ab – ohne Erfolg. In dieser Zeit war ich oft unglücklich, manchmal sogar der Verzweiflung nahe, aber ich verlor nie den Glau-

Wo Kultur wegbricht, wird Platz frei für Gewalt.

August Everding

ben an meine Zukunft als Sänger. Geld verdiente ich neben meinen Auftritten noch mit Nebenjobs, zum Beispiel als Rettungsschwimmer. Vom Verdienst kaufte ich mir ein Zugticket nach Buenos Aires. Dort, 300 Kilometer von Rosario entfernt, saßen die großen Plattenfirmen Argentiniens. Mit einer Demo-Kassette, die ich selbst aufgenommen hatte, fuhr ich in die Hauptstadt. Wie naiv ich war! Die eleganten Leute in den Plattenfirmen lachten diesen komischen Jungen aus der Provinz nur aus. Einer hörte sich wenigstens meine Lieder einmal an und sagte: „Für diesen romantischen Quatsch gibt es in Argentinien kein Publikum."

*Rom, die Ewige Stadt:
Sie brachte dem Sänger nicht
das erhoffte Glück. Aber auch
aus diesem Tiefschlag konnte
er lernen.* ▶

ICH VERABSCHEUE KRIEG UND GEWALT

Und das Schicksal meines Lebens hatte damals noch eine schwere Prüfung für mich vorgesehen

Als ich 19 Jahre alt war, rief mich die argentinische Armee zu den Waffen. Ich musste meinen sechzehnmonatigen Wehrdienst antreten.

Meine Eltern und meinen älteren Bruder Daniele zu verlassen fiel mir sehr schwer. In der Kaserne wurden wir in graugrüne Uniformen gesteckt, lernten schießen und marschieren. Oft wurden wir mitten in der Nacht aus dem Schlaf gerissen und zu militärischen Übungen ins Gelände gejagt. Aber das Schlimmste stand uns jungen Rekruten noch bevor. Im April 1982, mitten in meiner Dienstzeit, brach der Falklandkrieg aus. Es ging um ein paar kleine Inseln vor unserer Küste, die unter britischer Verwaltung standen, aber im Frühjahr 1982 von Argentinien besetzt wurden. Daraufhin schickte Großbritannien Kriegsschiffe und Flugzeuge über das Meer – ein blutiges Schlachten begann. Wie viel Leid und Tränen brachte dieser verfluchte Krieg über die Menschen!

Noch heute danke ich dem lieben Gott, dass ich nicht auf den Inseln kämpfen musste. Ich wurde einer Nachschubeinheit auf dem Festland zugeteilt. Von unserem Stützpunkt aus starteten Flugzeuge zu den Falklandinseln, am nahen Marinehafen legten Kriegsschiffe ab. Meine Aufgabe war es, die Schiffe mit Munition zu beladen. Das war für mich eine schlimme Zeit, denn Gewalt und Krieg habe ich schon immer verabscheut. So viele Unschuldige – mehr als 3000 Menschen – kamen in diesem kurzen Krieg ums Leben!

In den schlimmsten Stunden rettete die Musik mich und meine Kameraden aus der Verzweiflung. Irgendwo in der Kaserne hatte sich eine alte Gitarre gefunden. Darauf spielte ich und sang den anderen Soldaten etwas vor. Lieder aus der Heimat, aber auch Stücke von Elvis Presley: Rock 'n' Roll in der Kaserne! Das lenkte uns junge Männer wenigstens für kurze Zeit vom Kriegsalltag ab. Der Krieg dauerte nur knapp drei Monate. Im Juni 1982 hatte die militärisch wesentliche besser ausgerüstete britische Übermacht uns besiegt. Wenig später wurde ich aus der Armee entlassen, und wenn es auch eine harte Zeit war, so verdanke ich ihr doch die schwerste und wichtigste Entscheidung meines Lebens: In der Zeit als Soldat entschloss ich mich endgültig, Argentinien zu verlassen und nach Europa zu gehen.

▲ *Letztes Erinnerungsfoto mit den Freunden in der Heimat: am Flughafen von Buenos Aires unmittelbar vor dem Abflug nach Spanien.*

MEIN AUFBRUCH WAR BESCHLOSSENE SACHE
50 Dollar für die Anzahlung waren mein ganzes Barvermögen

Die vielen zermürbenden Rückschläge als Musiker, die erniedrigende Ablehnung durch die Plattenfirmen und dann auch noch der Krieg – ich wollte nur noch fort aus Argentinien. Mein Aufbruch war beschlossene Sache. Es gab nur ein Problem: Wovon sollte ich die Reise bezahlen?

Als ich beim Militär entlassen wurde, bestand mein „Vermögen" aus 50 Dollar. Der Flug nach Spanien kostete 1300 Dollar. Wie lange würde es dauern, bis ich diese Riesensumme beisammenhätte? Da fragte ich den Mann im Reisebüro: „Was kostet es, wenn ich nur ein Hinflugticket nehme?" Er sah mich mitleidig an und sagte: „800 Dollar." Meine Entscheidung stand fest. Ich opferte meine letzten 50 Dollar als Anzahlung und sicherte mir ein Ticket nach Spanien.

MEIN FREUND NIKA
Ohne ihn hätte ich es nie so weit geschafft

Über ihn spricht Semino auch heute als großer Star noch voller Herzenswärme und Dankbarkeit: „Nika ist einer der wichtigsten Menschen in meinem Leben. Mit 18 Jahren lernten wir uns beim Militär kennen. Wir waren sofort ein Herz und eine Seele. Nika verdanke ich sehr viel. Er glaubte an mich, als niemand sonst an mich glaubte. Und er bezahlte damals sogar mehrere Monate lang meine Miete, damit ich nicht auf der Straße leben musste. Er war für mich da, als es mir sehr schlecht ging, und das werde ich ihm nie vergessen. Auch wenn ich nicht direkt bei ihm sein kann, in meinen Gedanken und in meinem Herzen hat er einen unauslöschlichen Platz."

Mein Freund Nika und meine Eltern ▶

Rettung durch Rossi

Von Semino Rossi gerettet
zu werden ist mittlerweile
sicher ein Traum vieler
Damen zu Lande und
auf See …

Geld verdienen muss ja sein

Um seine Leidenschaft, die Musik, zu finanzieren, ergriff Semino beruflich jede Chance, um ein wenig Geld zu verdienen. Da in Argentinien Schwimmen, neben dem Fußball natürlich, Nationalsport ist (in Rosario gibt es ein topmodernes Hallenschwimmbad, und auf dem Rio Paraná finden regelmäßig internationale Schwimmwettkämpfe statt) und der charmante Sänger sich seit frühester Kindheit im kühlen Nass daheim fühlte, ergriff er als Siebzehnjähriger die Chance und machte das Schwimmdiplom.

RETTUNG MIT DIPLOM
Wir haben Semino gefragt, was ihn auf die Idee brachte, gerade Rettungsschwimmer zu werden

SEMINO: Ich war immer ein begeisterter Schwimmer, Wasser ist eines der schönsten Elemente, von klein auf sind meine Mama und mein Papa mit uns schwimmen gegangen. Als 17-Jähriger bin ich im Sommer und im Winter ins Schwimmbad gegangen und hatte dort bald sehr viele Freunde. Einer hat mich gefragt, warum ich nicht Rettungsschwimmer werde, nachdem ich doch so gerne schwimme. Ich war sofort begeistert und machte das Diplom. Diese Ausbildung dauert in Argentinien ein Jahr mit Praxis- und Theoriekursen, dann bekommt man ein Diplom.

War es schwierig für dich, die Prüfung zu bestehen?
SEMINO: Leicht war diese Prüfung nicht, bei einer Teilprüfung war ein zwei Kilometer breiter Fluss zu durchqueren, der ziemlich starke Strömungen aufwies. Dann gab es noch einen schwierigen Teil im Schwimmbad, es wurden uns zirka 45 Handgriffe beigebracht, um einen Ertrinkenden zu retten. Wenn man diese nicht beherrscht, sollte man besser nicht planlos versuchen, jemanden zu retten, denn der Ertrinkende hat im Moment der Todesangst unglaubliche Kräfte und ist nicht bei Sinnen. Man kann damit auch sein eigenes Leben gefährden. Bei einer Wasserrettung, da muss jeder Handgriff sitzen, ansonsten kann es passieren, dass man selbst in Lebensgefahr gerät.
Bei der offiziellen Prüfung musste ich acht Versuchspersonen retten, die mir das so schwer wie möglich

◀ *Bei einer Wasserrettung muss jeder Handgriff sitzen. Man muss ständig konzentriert sein und darf die Schwimmer nie aus den Augen lassen.*

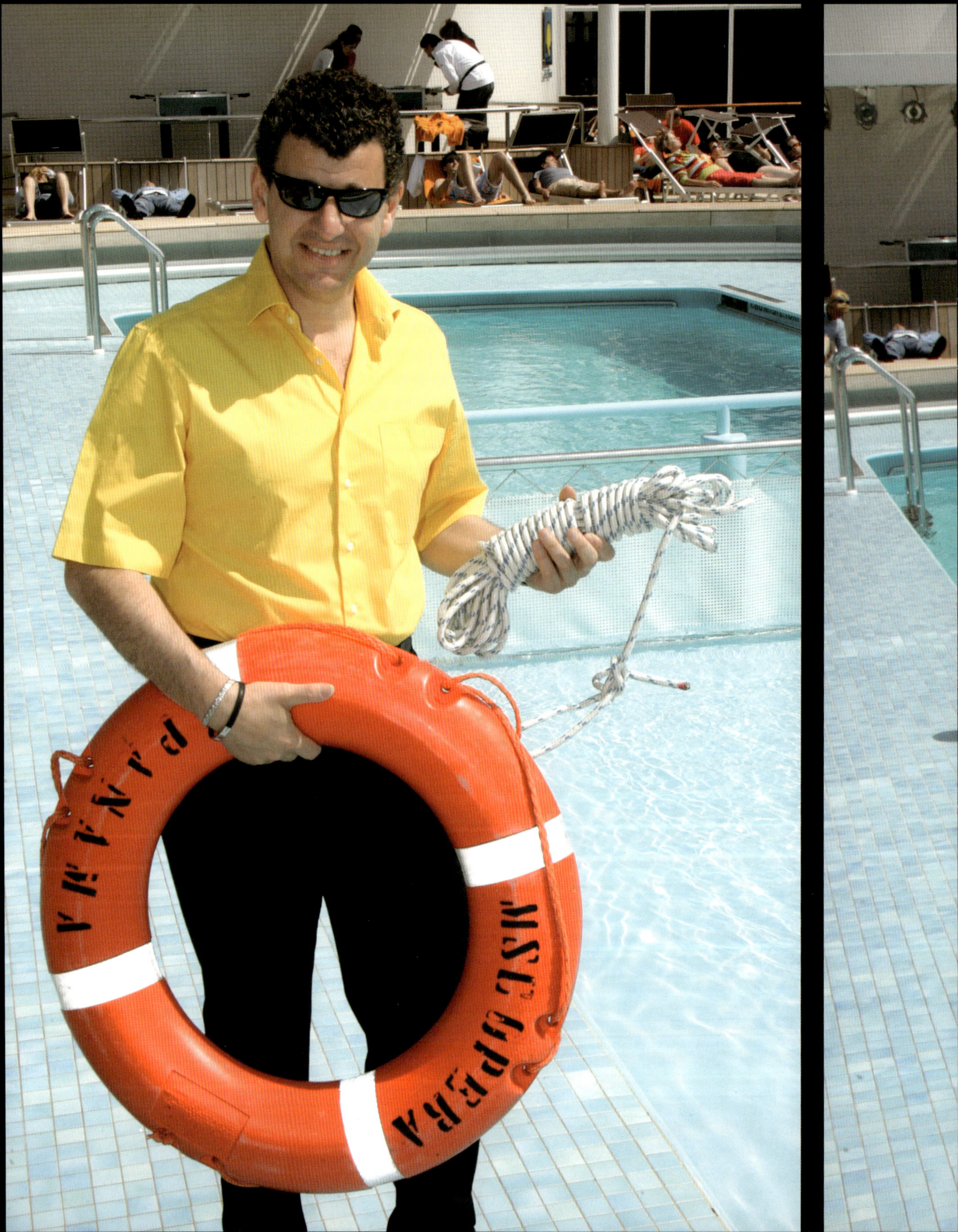
PANAMA
MSC OPERA

▲ *Rettungsschwimmer: speziell ausgebildete Personen, deren erworbene fachliche Kenntnisse, betreffend das Wahrnehmen und Handeln bei Unfällen am und im Wasser, geprüft und durch eine Urkunde bescheinigt wurden.*

▲ *Semino schlendert entspannt über das Deck. Auf dieser Reise ist seine Aufgabe jedoch nicht die des Rettungsschwimmers, sondern jene des Sängers. Durch den Rettungsring guckt er bloß wegen des lustigen Fotomotivs.*

gemacht haben. Ich kann mich erinnern: Am schlimmsten war ein Mann, der mich von hinten am Hals packte, oder ein anderer zog mich am Fuß hinunter. Ich habe die Prüfung jedenfalls bestanden und konnte damit sofort eine Anstellung bekommen. Im Sommer arbeitete ich am Fluss und im Winter im Hallenbad, wo ich mittags Kindern das Schwimmen beigebracht habe. Es waren bis zu 30 Kinder, das war sehr lustig, und es war wirklich jeden Tag was los!

Hast du dann jemals wirklich einen Menschen retten müssen?

SEMINO: Ja, sogar einige Male. Als ich im Sommer am Fluss gearbeitet habe, da gab es eine Sicherheitszone, wo die Menschen baden durften. Das Wasser war nicht sehr klar, man konnte einfach nicht auf den Grund sehen – also sehr gefährlich für unsichere Schwimmer oder Nichtschwimmer. Wenn jemand zu ertrinken drohte, war das Risiko groß, dass man diesen Menschen niemals findet, wir machten daher immer zu zweit Dienst, den ganzen Tag, die ganze Woche, und das ein paar Monate hindurch.

Das aufregendste Rettungsmanöver, an das ich mich erinnere, war wegen zwei Buben, so 14 Jahre alt, die sind außerhalb der Sicherheitszone geschwommen, und einer von ihnen verlor die Kraft und brauchte Hilfe, es war sehr dramatisch, weil die zwei Kinder sehr weit weg waren, ich habe den Burschen buchstäblich in letzter Sekunde gerettet. Wäre er an dieser Stelle untergegangen, ich hätte ihn in dem trüben Wasser nicht mehr gefunden, vor allem auch

▲ *Schwimmweste anlegen – eine leichte Übung für den diplomierten Schwimmer.*

▲ *Ich liebe das Wasser. Es ist für mich das schönste Element.*

wegen der starken Strömung. Ich werde nie die Dankbarkeit der Mutter des Jungen vergessen.

Wie lange warst du Rettungsschwimmer?
SEMINO: Ich habe diese Arbeit fast vier Jahre lang ausgeübt. Genauso lange, bis ich genug Geld zusammenhatte, um mir mein erträumtes Ticket nach Spanien kaufen zu können.

Als du dann selber Papa wurdest, hast du auch deinen Töchtern das Schwimmen beigebracht?
SEMINO: Ja, da waren sie noch ganz winzig. Es ist sehr wichtig für mich gewesen, dass meine Kinder früh schwimmen lernten, denn ich hab zu oft erlebt, wie schnell es gehen kann, dass ein Kind im Wasser in Gefahr kommt …

Nach Europa

Wege entstehen dadurch,
dass man sie geht. Franz Kafka

Nach Europa für die Karriere

Die Musik führte ihn nach Europa. In Spanien angekommen, musste der junge Sänger erkennen, dass es auch hier nicht so leicht sein würde. Er spielte für Kost und Logis und war froh, als Straßensänger ein bisschen Geld zu verdienen. Nach Zwischenstationen in verschiedenen europäischen Ländern blieb er dann der Liebe wegen in Österreich. Es sollte noch weitere 16 Jahre dauern, bis er das Ziel seiner Träume erreichen würde.

NACH EUROPA
Ich wollte über Liebe und Romantik singen

Semino wollte Liebeslieder singen, Balladen und Schlager, diese Klänge wollte man damals in seiner Heimat Argentinien offiziell nicht hören, so versuchte er sein Glück in der Alten Welt.

Am 19. März 1985 reiste Semino Rossi nach Spanien ein. Von hier aus wollte er mit seiner Musik Europa erobern. Wie ernst ihm diese Absicht war, zeigt schon der Umstand, dass er kein Rückflugticket gebucht hatte. Er hat den festen Glauben an sich selbst niemals aufgegeben – auch wenn der Weg zum Erfolg noch sehr mühsam werden sollte … Semino Rossi erinnert sich: „Meine Eltern haben mir die Liebe zur Musik in die Wiege gelegt. Und so kam es, dass ich mir das Gitarrespielen selber beibrachte und in Argentinien sowie in Mexiko auftrat. Im Alter von 22 Jahren entschied ich mich, es als Straßenmusiker in Spanien zu versuchen. Von dort aus trieb es mich nach Italien, Frankreich und in die Schweiz. Das Geld, das ich verdiente, reichte oft gerade so für Kost und Logis. Es waren 16 lange und mühsame Jahre."

Harte Jahre auf der Straße

Nach dem Falklandkrieg hatte ich mich endgültig entschieden, Argentinien zu verlassen und mein Glück in der Fremde zu versuchen. Mein Herz war immer bei meiner Familie und meiner Heimat, aber meine Zukunft lag in Europa, das fühlte ich. Mama war entsetzt: „Semino, du hast kein Geld, hast keine ordentliche Versicherung und willst ohne Rückflugticket nach Spanien. Was soll werden, wenn etwas passiert? Wie willst du dann nach Hause kommen?"

▲ Seminos Samtstimme begeisterte die Musiker schon 1996 bei den Meisterschaften für Lateinamerikanische Tänze.

Kleine Feiern und Partys – Semino sang und spielte, wo immer er Gelegenheit dazu bekam. ▼

wurden sie abgewiesen: „Kommt im Juni wieder, wenn die Touristen da sind!" Für mich war es etwas leichter. Ich konnte auch in den Lokalen für Einheimische musizieren. Dort bekam ich zwar keine Anstellung, aber die Wirte ließen mich gern zwei oder drei Lieder singen. Wie weit war das alles von meinen Träumen entfernt! Ich war endgültig auf dem Boden der Realität gelandet. Und um ehrlich zu sein: Wenn ich nach dem Singen mit einem Teller von Tisch zu Tisch ging und um etwas Geld bat, habe ich mich sehr geschämt …

Durch meine kleinen Auftritte konnten wir die Miete bezahlen und etwas zum Essen kaufen. Meist gab es Reis oder Kartoffeln, Gemüse, ganz selten ein Stück Fleisch. Im Juni fand Nika endlich Arbeit als Portier. Aus Dankbarkeit hat er mir von seinem Geld eine Uhr geschenkt, die ich heute noch manchmal trage. Diese Zeit war sehr hart, aber die Armut hat uns zusammengeschweißt, und sie war eine gute

Schule für mein weiteres Leben. Wenn ich heute in luxuriösen Hotels wohne oder in meinem wunderschönen Zuhause in Österreich bin, weiß ich genau, dass das alles nicht selbstverständlich ist, und bin mir sehr bewusst, wie gut es mir geht. Dafür bin ich dem lieben Gott aus tiefem Herzen dankbar.

Damals hätte sich keiner gedacht, dass Semino einmal Hallen mit bis zu 10.000 begeisterten Fans füllen würde. ▶

▲ *Mit dem Gitarristen Humberto Buenaventura verbindet Semino noch heute eine innige Freundschaft.*

▲ *„Ich möchte auf die Bühne gehen und den Menschen, die mir zuhören, stets das Beste von mir geben. Ich danke Gott dafür, dass er mir meine Stimme geschenkt hat."*

HUMBERTO BUENAVENTURA
Ein Freund und Wegbegleiter

Eines Tages lernte ich in Torremolinos Humberto Buenaventura kennen, einen Musiker und Gitarristen, der wie ich aus Argentinien kam. Natürlich war meine Freude riesengroß, endlich wieder einen „Landsmann" zu treffen. Humberto war ein Routinier und bot mir sofort seine Hilfe an. Er hatte eine Festanstellung in Rom in Aussicht und schlug mir vor, zusammen dorthin zu fahren. 16 Tage waren wir in seinem Fiat unterwegs, mussten immer wieder halt-machen und singen und spielen, um Geld für Benzin zu verdienen. Wir schliefen im Auto, wuschen uns auf Rastplätzen, und als wir in Rom ankamen, war die Bar, in der wir spielen sollten – geschlossen! Was für eine Enttäuschung! Doch auch hier bewahrheitete sich die alte Lebensweisheit: Wenn sich eine Tür schließt, öffnet sich irgendwo eine andere!

ÖSTERREICH
Endlich am Ziel angelangt

Schließlich führte ihn sein Weg nach Österreich, wo Semino 1986 in einem Hotel ein Engagement für die Wintersaison als Musiker bekam. Die ersten Jahre in Europa verbrachte Semino also im Winter in Österreich, den Sommer über spielte er jedoch nach wie vor in Spanien mit wechselnden Engagements. „Dann lernte ich auf einem Abstecher in die Schweiz drei Paraguayer kennen. Sie überredeten mich, mit ihnen nach Innsbruck zu gehen. Hier spielte ich bei Galas in Hotels und bei lateinamerikanischen Tanzwettbewerben." Damit begann die Erfolgskurve des Argentiniers mit der Samtstimme langsam nach oben zu zeigen. Er wurde bei den „Worldmasters für Lateinamerikanische Tänze" in Innsbruck und ein Jahr später zu den „Deutschen Meisterschaften in den Lateinamerikanischen Tänzen" engagiert.

Seminos Stimme ist einzigartig. Es grenzt
eigentlich an ein Wunder, dass ihn so lange kein
Musikprofi entdeckte.

Sein allererster TV-Auftritt bei der ORF-Gala „Licht
ins Dunkel" (siehe Bild Seite 84) 1997 machte ihn mit
einem Mal bundesweit bekannt. Seiner einzigartigen
Stimme lauschten damals auch schon die nieder-
ländische Königin Beatrix, Gunilla von Bismarck, die
Familie Swarovski und sogar Andrea Bocelli. Auf
einmal hatte er Erfolg!

Semino Rossi: „Die Engagements wurden immer
besser, 1999 und 2000 sang ich sogar im Kreml. 40
Millionen Menschen sahen im Fernsehen zu – es
war der Wahnsinn." 2001 wurde Semino dann in
Japan zum Weltmeister in lateinamerikanischer Musik gewählt.

Semino Rossis Erfolg kam also wahrlich nicht über
Nacht. 16 Jahre lebte der Sänger mittlerweile schon
in Europa und hatte dabei alle Höhen und Tiefen des
Musik- und Auftrittsgeschäfts kennengelernt.

**Eigentlich ein Wunder, dass dieses Talent
so lange unentdeckt blieb!**

In seiner neuen Heimat Österreich, genauer gesagt in
Innsbruck, sollte sich dann das Schicksal des Argentiniers endlich zum Guten wenden. In Graz, Wien,
Salzburg, Linz, Schladming – der talentierte Musiker
trat in Hotels und in Bars auf, spielte in Fußgängerzonen und Skihütten.

Semino erzählt aus seiner Erinnerung: „In Innsbruck
ging es für mich langsam aufwärts. So lange hatte ich
in Restaurants für ein paar Münzen gesungen. Das
zahlte sich jetzt aus: Nachdem mein Freund Humberto und ich in einem Café einige Lieder gespielt hatten, sprach uns einer der Gäste an: ,Habt ihr Lust, in
meinem Hotel aufzutreten? Dafür gibt's auch eine
feste Gage …' Ob wir Lust hatten! Als wir wieder auf
der Straße waren, sprangen Humberto und ich vor
Freude in die Luft. 3000 Schilling sollten wir bekommen. Kein Umhergehen mehr von Tisch zu Tisch mit
dem Teller in der Hand … Ich war so froh und nahm
mir fest vor, diese Chance zu nutzen!"

Das haben Humberto und ich dann auch getan. Unser Auftritt kam so gut an, dass wir fortan häufiger
in diesem und auch in anderen Hotels engagiert wurden. Obwohl wir auf Spanisch sangen und die meisten Touristen die Texte nicht verstehen konnten, gelang es uns doch, die Herzen der Menschen zu berühren. Das spürt man als Musiker auf der Bühne ein-

▲ *Seminos allererster TV-Auftritt – nicht bei Florian Silbereisen, sondern als noch völlig unbekannter Sänger 1997 im ORF bei Peter Rapp in der „Licht ins Dunkel"-Gala am 24. Dezember 1997.*

fach. An unseren freien Tagen spielte ich aber auch weiterhin auf der Straße und in Cafés – und dort hatte ich an einem Frühlingsabend des Jahres 1986 die schönste Bekanntschaft meines Lebens gemacht: Ich hatte meine spätere Frau Gabi getroffen.

Mit den Hotelauftritten konnte ich nun von meiner Musik leben. Aber mein wichtigstes Ziel hatte ich noch nicht erreicht: einen Plattenvertrag. Sogar mein bester Freund Nika begann an mir zu zweifeln: „Wann kapierst du endlich, dass es vorbei ist?", schimpfte er. „Du bist jetzt bald vierzig! Wie lange willst du noch weiterträumen?" Meine Antwort war einfach: „Bis mein Traum Wirklichkeit geworden ist, Nika."

Die große Wende in meinem Leben kam an einem warmen Augusttag des Jahres 2001. Ich war bei einer Geburtstagsfeier aufgetreten, zu der auch ein Mitarbeiter der Plattenfirma Koch Universal eingeladen war. Zwar konnte ich nicht selbst mit ihm sprechen, aber es gelang mir, ihm über den Gast-

geber eines meiner Demo-Bänder überreichen zu lassen. Drei Tage später, ich lief gerade nur mit kurzer Hose und T-Shirt bekleidet durch die Wohnung, klingelte das Telefon. Ich hob ab. Am anderen Ende war Franz Koch, Gründer von Koch Universal. „Sie haben eine wunderschöne Stimme", sagte er. „Können Sie sich vorstellen, auf Deutsch zu singen?" „Lieber Herr Koch", sagte ich, „wenn Sie wollen, singe ich auch auf Japanisch."

Der zuvor erwähnte Mitarbeiter der Firma Koch heißt Klemens Kundratitz und berichtet über das so entscheidende Treffen in Innsbuck:

„Eine unserer Nachbarfamilien, lud uns anlässlich des Geburtstags der Frau des Hauses, Lorena Wachter, zusammen mit zwei Dutzend Freunden zu einer Kellerparty ein. Die Gastgeberin war Mexikanerin. Sie hatte natürlich auch ihre mittel- und südamerikanischen Freunde eingela-

Der Vater des Erfolges: Franz Koch – Gründer und Eigentümer des gleichnamigen Plattenlabels. Er war es, der damals Seminos Potenzial erkannte und ihm die Infrastruktur und das Know-how seiner Firma zur Verfügung stellte. ▶

den, so dass die Party ein lustiges tirolerisch-mexikanisch-südamerikanisches Flair hatte. Um für Stimmung zu sorgen, hatte Lorena einen Musiker eingeladen, der lateinamerikanische Untermalung versprach. Er sei Argentinier, sein Künstlername Semino Rossi. Er war damals eine Einmannband, baute seine elektronischen Begleitungs-Synthesizer in einem ausgeräumten Kellerraum auf, spielte Gitarre und sang ganz ausgezeichnet dazu.

Am Fest kam ich mit Semino Rossi ins Gespräch, und er bekam mit, dass ich Verbindungen mit Koch International hatte. Am Ende des Festes gab dann Lorena eine Musikkassette, die sie mir ein paar Tage später im Büro vorbeibrachte. Ich sollte sie an geeignete Stellen bei Koch International weitergeben, da Semino Rossi einen Plattenvertrag anstrebte. Ich gab die Kassette dann bei der nächsten Gelegenheit Franz Koch. Einige Zeit später

erwähnte der Firmenchef dann, dass er sich die Musik im Auto angehört hatte und ihm Semino Rossis Stimme und Musik sehr gut gefallen hätten. Wie der Gang der Dinge danach weiter verlief, ist ja jetzt schon fast Musikgeschichte. Allerdings luden wir Semino Rossi später nochmals zu einer Party ein, und zwar im Winter 2002. Semino unterhielt uns alle mit seiner wunderbaren Musik. Eine schöne Erinnerung, denn jetzt könnten wir uns den Superstar sicher nicht mehr für ein privates Fest leisten."

Auf diese Weise gelangten Seminos Demo-Songs endlich in die richtigen Hände, und so unterschrieb er im Herbst 2001 seinen ersten richtigen Plattenvertrag bei Koch Universal Music. Semino erinnert sich genau an die Details und das unglaubliche Gefühl von damals: „Plötzlich wusste ich: Jetzt hast du es geschafft!

Spätstarter

II

Endlich Karriere

Mit dem neuen Jahrtausend begann für mich ein neues Leben: 2001 hatte ich meinen ersten Vertrag bei der Plattenfirma von Franz Koch unterzeichnet, und ich durfte mit so großartigen Komponisten, Textern und Produzenten wie Alfons Weindorf und Bernd Meinunger zusammenarbeiten. Das war wie ein Traum für mich. Wochen-, ja monatelang war ich wie berauscht vor Glück. Wir begannen, Lieder für mein erstes Album „Alles aus Liebe" zu schreiben.

◀ *Karl Moik war einer der Ersten, die Semino auf allen Linien unterstützten.*

2002 stand mein Schicksal nochmals auf Messers Schneide

Ich war gerade dabei, die Stücke im Studio einzusingen – da zogen plötzlich dunkle Wolken am Horizont auf: Franz Koch verkaufte seine Firma an den großen internationalen Mitbewerber Universal Music, und ich machte mir große Sorgen. Was sollte aus mir werden? Immerhin war ich schon 40 Jahre alt. Der Jugendwahn im Fernsehen und in der Unterhaltungsbranche war damals auf dem Höhepunkt. „Jetzt schmeißen sie mich raus …", sagte ich zu meiner Frau. Ich sah mein Glück, meine Zukunft, meine Existenz, auf die ich so lange hingearbeitet hatte, zu Staub zerfallen.

Wieder war es mein Freund Franz Selb, der zu mir stand. Zum Glück behielt er auch in der neuen Firma, Koch Universal Music, seine Position als Geschäftsführer und schaffte es, die neuen Eigentümer von mir und meiner Musik zu überzeugen. Wir konnten weiterarbeiten – und wir arbeiteten hart. Vor allem musste ich an meiner deutschen Aussprache feilen, das war das Wichtigste. Dann verfeinerten und kürzten wir noch einmal die Texte. Und endlich hielt ich die erste Semino-Rossi-CD in Händen – was für ein Glücksgefühl war das! Ich dachte daran, wie lange der Weg bis hierher gewesen war, dachte an die Zeit, als ich im Auto oder am Strand schlafen musste, an all die erniedrigenden Absagen von Plattenfirmen … Und ich schäme mich der zwei oder drei Tränen nicht, die mir in diesem Moment über die Wangen liefen. Nun ging es Schlag auf Schlag. Natürlich musste die Platte gut vermarktet werden. Sie sollte erst in den Verkauf gehen, nachdem ich in einer Fernsehshow aufgetreten war. Doch das war nicht so einfach. Die

▲ *2004 – eines der ersten TV-Interviews bei einer STADLPOST-Präsentation in Wien.*

Chefs der großen Sendungen kannten mich ja noch nicht. Franz versuchte alles, telefonierte sich die Finger wund, nahm mich zu wichtigen Partys und Galas mit, so auch zum Geburtstag von Ragnhild Heck, der Frau von Dieter Thomas Heck. Dort trat ich als musikalischer Überraschungsgast auf, und irgendwie fühlte ich, dass an jenem Abend das Eis brechen würde. Wenig später meldete sich Lutz Ackermann vom NDR, der eine große Schlagertour durch Norddeutschland organisierte. Ich sollte dabei sein – mit so großen Stars wie G. G. Anderson, Andy Borg oder Bernhard Brink.

Zwar durfte ich – der unbekannte Semino Rossi – nur ein Lied singen, aber es gab Standing Ovations vom Publikum.

Und im Februar 2004 war es dann so weit: Ich hatte meinen ersten TV-Auftritt. Ich weiß es noch, als wäre es gestern gewesen. Franz Selb rief bei uns zu Hause an: „Semino, wir haben die erste Sendung! Du

trittst beim ‚Winterfest der Volksmusik‘ in Chemnitz auf!" Ich sang dort „Alle Rosen dieser Welt", und noch im selben Monat kam meine erste CD endlich in den Handel. Sie verkaufte sich mit 20.000 Exemplaren für einen Neuling schon recht gut, aber die richtige Explosion kam erst ein Jahr später.

Im November 2005 erschien mein zweites Album, „Tausend Rosen für Dich". Kurz zuvor hatte ich im „Musikantenstadl" in Bozen den Titel „Aber dich gibt's nur einmal für mich" auf Spanisch und das „Ave Maria" gesungen. Bereits dort spürte ich instinktiv, dass irgendetwas anders geworden war. Ich fühlte, dass meine Musik viele Herzen erreichen konnte. Als ich dann die ersten Bilanzen sah, konnte ich es nicht fassen. In nur drei Monaten hatte ich mehr als 100.000 CDs verkauft!

War das ein Jubel! Dabei ging es mir gar nicht so sehr um das Geld, das ich verdient hatte. Ich war einfach glücklich, dass ich meinen Traum, von der Musik le-

▲ *Inniges Verhältnis: Nana Mouskouri war schon immer von Seminos Stimme begeistert.*

ben zu können, tatsächlich verwirklicht hatte. Meine Heimat zu verlassen, das Gefühl der Einsamkeit zu ertragen, alle Schwierigkeiten zu meistern: alles das hatte sich gelohnt.

Alle meine Träume sind wahr geworden – die Träume, an denen ich seit meiner Kindheit in Rosario festgehalten habe.

Und heute?

Heute habe ich weit über zwei Millionen Alben verkauft. Ich habe so viele Preise, so viele Gold- und Platinplatten bekommen. Auf meiner „Einmal Ja – immer Ja"-Tournee spiele ich in ausverkauften Hallen. Ich weiß, dass ich meinen Erfolg in erster Linie meinen Fans verdanke. Sie kaufen meine CDs. Sie fahren zu meinen Konzerten, auch wenn sie dafür eine weite Anreise in Kauf nehmen müssen.

Darum versuche ich auf der Bühne durch meine Lieder ein wenig von dem Glück zurückzugeben, das sie mir geschenkt haben.

Seminos TV-Debüt beim „Winterfest der Volksmusik" am 7. Februar 2004 in Chemnitz war nur die letzte Initialzündung für den raketenhaften Aufstieg des Sängers. Dass in ihm ein sensibles Herz schlägt, das bewies der Herzensbrecher in unvergleichlicher Weise: bei seinem unvergessenen Auftritt im „Musikantenstadl" am 22. Mai 2004 in Bremen, als ihn seine Mutter aus Argentinien mit ihrem Besuch überraschte und Semino vor lauter Rührung seinen zweiten Titel nicht mehr vortragen konnte. Eine Überraschung und ein emotionaler Höhepunkt in der deutsch-österreichischen Fernsehgeschichte. Seit diesem Auftritt hat Semino zu Karl Moik ein ganz besonderes Verhältnis.

Er gratulierte Nana Mouskouri mit einem privaten Ständchen am 13. Oktober 2004 zu ihrem 70. Geburtstag in Athen – und sie bedankte sich öffentlich bei dem gemeinsamen TV-Auftritt im „Adventsfest der Volksmusik" am 27. November 2004.

SEMINO ROSSI DER START EINER SPÄTEN KARRIERE

▲ *Einmalige Begegnung: Zum Leidwesen vieler Fans traten die zwei Herzensbrecher André Rieu und Semino nur ein einziges Mal im „Musikantenstadl" gemeinsam auf.*

Das Duett der Charmeure Semino und André Rieu
Sein Duett mit André Rieu beim „Musikantenstadl" am 6. November 2004 in Passau überzeugte die letzten Zweifler, dass seine Stimme ein wahres Gottesgeschenk ist. Sein zweites Album „Tausend Rosen für Dich" machte ihn 2005 auch in den offiziellen Verkaufs-Charts zum Senkrechtstarter.
Herausragend auf dem Album sind neben den erneut zündenden deutschen Titeln des Teams Weindorf/Meinunger auch die erfolgreichen Coverversionen in spanischer Sprache, allen voran der Titel „Solo hay una para mi" (erste spanische Version des deutschen Hits „Aber dich gibt's nur einmal für mich"). Das Album kletterte nach der Veröffentlichung am 17. Mai 2005 in kürzester Zeit bis auf Platz 7 der deutschen Album-Charts und hielt sich über Wochen in den Top Ten! In Österreich ließ „Tausend Rosen für Dich" ebenfalls internationale Topstars weit hinter sich. Die beste Platzierung war hier der zwei-

te Platz. Auch bei den Schweizer Nachbarn feierte das Album einen respektablen Erfolg und kletterte in den Charts bis auf Rang 24.

Ein kurzer Ausflug ins „Swing-Fach"
Neben den eigenen Alben war Semino auch als Sänger für das Projekt „Let's Swing – Stars im Big Band Sound" aktiv. Zusammen mit Stars wie Wencke Myhre, Karel Gott, Francine Jordi und Simone interpretierte er in seiner unwiderstehlichen Art die Songs „Rot ist der Wein" („Blue Spanish Eyes"), „Moliendo Café" und „Bésame mucho" im swingenden Big-Band-Sound. Am 24. September 2005 wurde das Projekt in der TV-Sendung „Herbstfest der Volksmusik" in Chemnitz präsentiert.

Weihnachtliche Klänge genau wie die großen Vorbilder – „Feliz Navidad"
Am 18. November 2005 erschien das Weihnachts-

94 VOM STRASSENSÄNGER ZUM SUPERSTAR

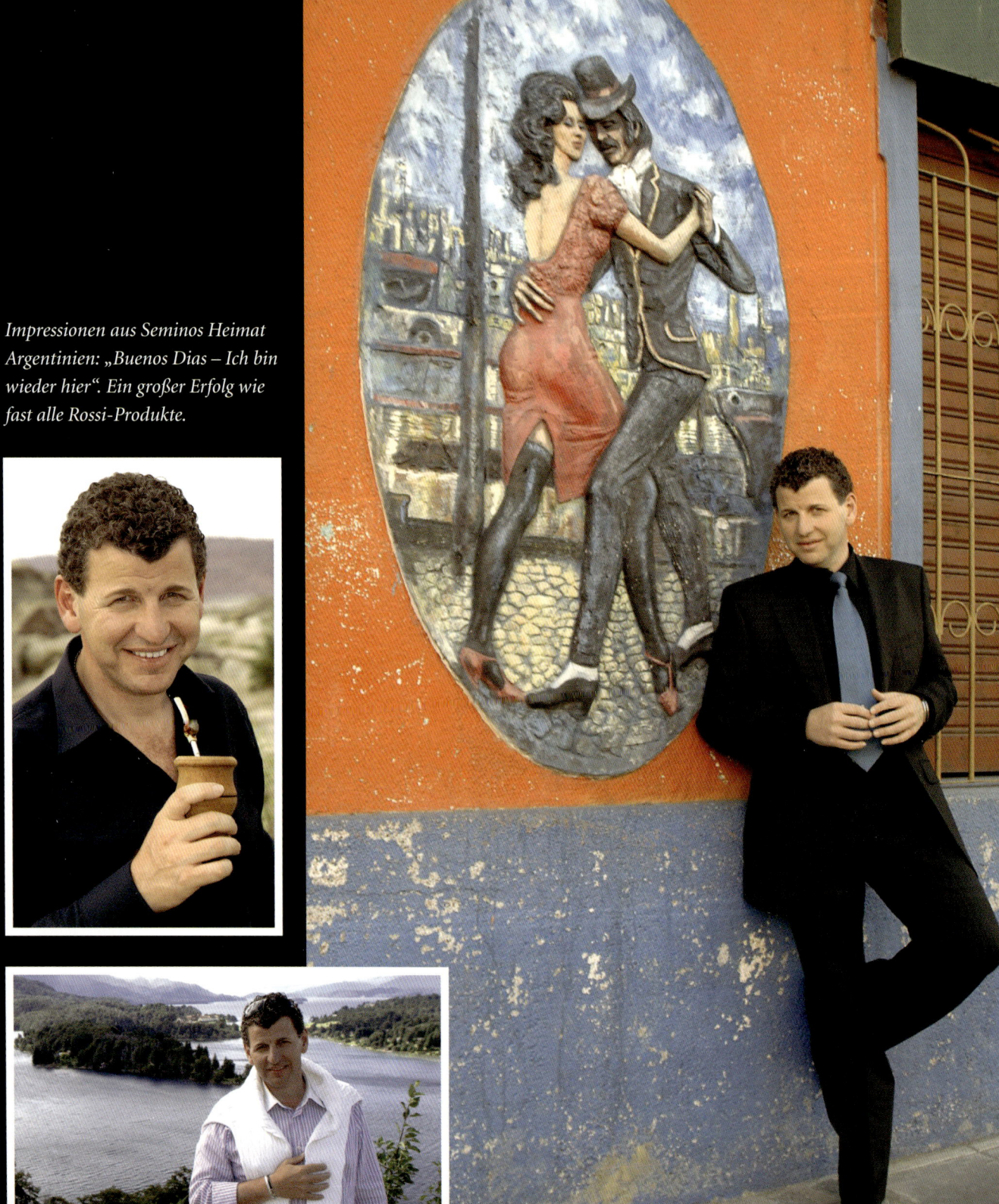

Impressionen aus Seminos Heimat Argentinien: „Buenos Dias – Ich bin wieder hier". Ein großer Erfolg wie fast alle Rossi-Produkte.

Emotionaler Höhepunkt in Seminos Karriere: Karl Moik hatte Mama Esther als Überraschung für ihren Sohn in den „Stadl" geholt. ▶

album „Feliz Navidad", das in Österreich sofort Goldstatus erreichte. In Deutschland hielt sich das Album sechs Wochen in den Top 100. Auch in Österreich und der Schweiz war der Tonträger erfolgreich in den Charts vertreten. Den Festtagen wurde mit der Interpretation einiger Klassiker, wie z. B. von „Feliz Navidad", einem Welthit des Sängers José Feliciano, Rechnung getragen. Auch das Weihnachtslied schlechthin, „Stille Nacht, heilige Nacht", ertönte auf dem Album in spanischer Sprache („Noche de paz") und ging so richtig unter die Haut! Die spanischen Versionen von „Little Drummer Boy" („La cancion del tamborilero") und dem sakralen Klassiker „Wie groß bist du" („Eres la luz") entwickelten ihren eigenen Charme. Die neuen Titel auf dem Album stammten wieder weitestgehend aus der Feder von Alfons Weindorf, der – wie bereits bei den ersten beiden Alben von Semino Rossi – mit den namhaftesten Textern der Branche (u. a. Dr. Bernd Meinunger, Joachim Horn-Bernges)

zusammengearbeitet hat. Das Ergebnis sind Titel, die Seminos Stimme den nötigen Spielraum geben, sich richtig zu entfalten. „Mein Weihnachtstraum", „Du bist das Licht meiner Welt", „Adios Amor – an Weihnachten bin ich daheim" – ein gefühlvolles Highlight gesellte sich zum nächsten. Auf „Feliz Navidad" bewies Semino Rossi erstmals, dass er nicht nur ein hervorragender Sänger, sondern auch ein großartiger Autor ist: „Bella Santa Maria" und „Una nueva navidad" stammten aus seiner Feder. Als Bonustrack fand sich

Echo und Amadeus, beide Auszeich-
nungen im selben Jahr: Das hatte
bisher noch keiner geschafft.

2006

die erste italienische Version von „Aber dich gibt's nur einmal für mich" („L'universo per me") auf dem Album. Der Titel war zuvor noch nie auf Italienisch gesungen worden, der Text wurde eigens für diese Aufnahme verfasst.

Die Auszeichnungen – Ehre, wem Ehre gebührt

Am 12. März 2006 erhielt Semino für seine Verkaufserfolge 2005 für das Album „Tausend Rosen für Dich" in Deutschland den begehrten deutschen Schallplattenpreis „Echo" im Genre Schlager. Der Echo ist nach dem amerikanischen Grammy der renommierteste Award in der Musikwelt. Für das österreichische Pendant – den „Amadeus" – war er gleich für zwei Alben, „Tausend Rosen für Dich" und „Alles aus Liebe", nominiert. Am 25. Mai 2006 erhielt er für sein Album „Tausend Rosen für Dich" den Austrian Music Award 2006 in der Kategorie „Schlager-Album des Jahres" und rückte damit in den Olymp der erfolgreichsten Interpreten der Schlager- und Volksmusikbranche auf.

Fixplatz an der Spitze der Musik-Charts

Der Sommer 2006 war ohne Frage der „Rossi-Sommer". So wurde dem Künstler schon kurz nach der Veröffentlichung seines neuen Albums „Ich denk an Dich" am 15. Juli in der TV-Sendung „Sommerfest der Volksmusik" Gold für Deutschland und Österreich überreicht. Am 24. Juli war es dann so weit: Semino Rossi stieg mit „Ich denk an Dich" auf Platz 1 in die deutschen und österreichischen Charts ein! In der Schweiz belegte er den zweiten Platz. Dieser sensationelle Charts-Einstieg war auch für Semino Rossis Tonträgerfirma Koch Universal Music ein einmaliger Erfolg. Denn noch nie hatte es ein Künstler in der 31-jährigen Geschichte der Firma in den deutschen und österreichischen Charts gleichzeitig auf den ersten Platz geschafft. Diese Platzierung hielt er in Deutschland und Österreich über drei Wochen, was vor ihm kaum einem Schlager-Interpreten gelungen war. Weitere Auszeichnungen folgten: Im September 2006 erhielt er die Goldene Henne, den Publikumspreis, der von mdr und „SUPERillu" jährlich in einer großen TV-Gala überreicht wird. Diese Auszeichnung war für Semino Rossi insofern von besonderer Bedeutung, als die Gewinner ausschließlich vom Publikum gekürt

werden und sich hierin seine Beliebtheit bei den Zuschauern besonders deutlich ausdrückte. Im Oktober 2006 folgte die Goldene Stimmgabel, die er als erfolgreichster Solo-Interpret im Bereich Schlager für seine Erfolge im Jahr 2006 bekam. Im Januar 2007 wurde er in der gleichnamigen TV-Gala mit der „Krone der Volksmusik" ausgezeichnet, dem sogenannten „Volksmusik-Oscar".

Ein Musikporträt in Spielfilmlänge

Gleich darauf ging es auf eine dreiwöchige Reise in Seminos Heimat. Doch hier warteten keine Ferien auf den Ausnahmesänger. Mit einem Filmteam drehte Semino Rossi das Video „Buenos Dias – Ich bin wieder hier. Eine musikalische Reise durch Argentinien". An den schönsten und bedeutsamsten Orten Argentiniens wurde gedreht, wobei Semino in Gegenden kam, die er bis dahin selbst nur aus dem Reiseführer kannte. Für ihn eine unvergleichliche Erfahrung. Er gab dem Zuschauer Einblick in das typisch argentinische Leben, zu dem Tangotänzer, Pferde und ein großer „Asado", ein argentinisches Grillfest, ebenso gehören wie die berühmten Wasserfälle von Iguazú oder der Talampaya-Nationalpark.

DIE MUSIK-ALBEN

DIE DVDs

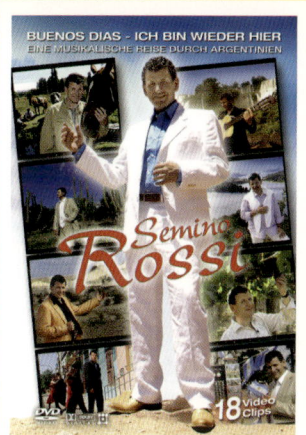

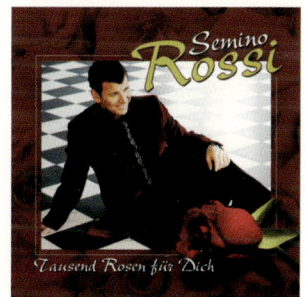

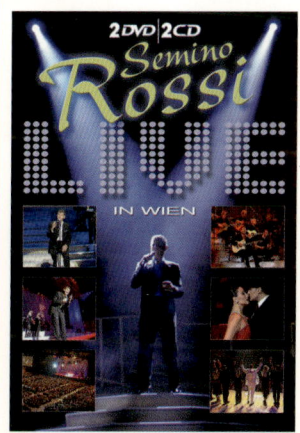

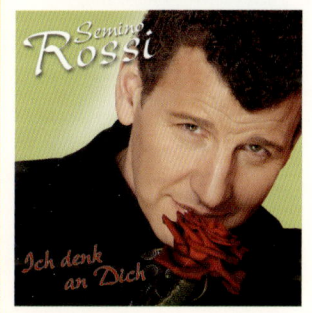

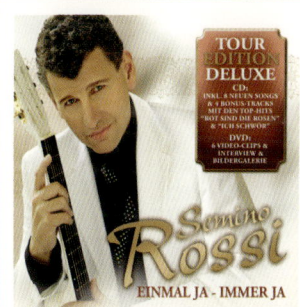

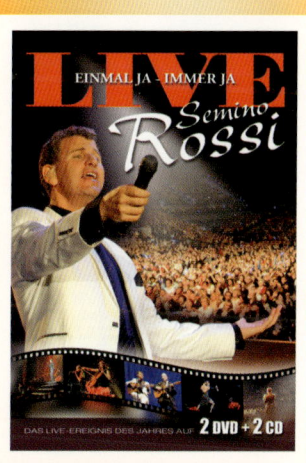

Semino Rossi
Alben und DVD-Produktionen auf einen Blick

SEMINO ROSSI STECKBRIEF

Name	Semino Rossi
Geburtsdatum	29. Mai 1962, mit einem Gewicht von 4300 Gramm und einer Größe von 52 cm
Sternzeichen	Zwillinge
Glücksstein	Opal, Achat
Planet	Merkur
Element	Luft
Geburtsort	Rosario, Argentinien
Wohnort	Mils in Tirol, Österreich
Familie	Seit 28. Dezember 1991 verheiratet mit Gabi
Zwei Töchter	Laura (17) und Vanessa (11)
Beruf	Handelsabitur, Ausbildung zum Rettungsschwimmer
Damals und Heute	Sänger aus Leidenschaft
Augenfarbe	Grün
Haare	Kastanienbraune kleine Locken
Körpergröße	1,82 m
Hobbys	Meine Familie. Alles, was wir gemeinsam unternehmen, macht mir Spaß. Daneben natürlich Musik, Schwimmen, Bootfahren und Lesen.
Lieblingsfarbe	Türkis
Lieblingskleidung	Barfuß in Bermudashorts
Lieblingsblume	Rosen und Jasmin
Lieblingsgetränk	Matetee aus Argentinien
Lieblingsessen	Asado – gegrilltes Fleisch mit diversen Salaten
Lieblingstier	Delphin und Hund
Lieblingssänger(in)	Plácido Domingo, Céline Dion
Lieblingsschauspieler	Richard Gere
Lieblingsbuch	„Der träumende Delphin" von Sergio Bambaren
Lieblingsfilm	„Evita" (von Alan Parker)
Lieblingssong	„Don't Cry for Me Argentina"
Was ich am meisten hasse	Ungerechtigkeiten
Was ich gerne mag	Sonnenuntergang am Strand, Lagerfeuer und Gitarrenmusik an einem lauen Sommerabend
Wovon ich träume	Von einer Weltreise mit meiner ganzen Familie
Wem ich am liebsten begegnen würde	Plácido Domingo

IDOLE

Musikalisch	Demis Roussos
Menschlich	Mutter Teresa (Kalkutta). Beeindruckend, wie viel Gutes sie in einem Leben getan hat
Wünsche	Gesundheit für alle meine Lieben
Lebensmotto	Leben und leben lassen. Jeden Tag genießen.
Größte Schwäche	Süßigkeiten und Vino Tinto
Wofür machen Sie sich stark?	Immer, wenn ich merke, dass ein Schwächerer gerade Hilfe braucht. Für Kinder in Not
Was schätzen Sie an anderen Menschen	Herzenswärme, Rücksicht, Respekt, Höflichkeit
Wie ich mich selbst in einem Satz charakterisieren würde	Ich bin ein Mensch voller Lebensfreude und positiver Energie.
Ziele	Dass ich weiterhin so vielen Menschen mit meiner Musik Freude machen darf.

Semino im Word-Rap

Dieser Word-Rap ist ein Bestandteil eines Interviews, das wir mit Semino anlässlich seiner Sonnenaufgangs-Premiere des Albums „Einmal Ja – immer Ja" in Chemnitz geführt haben. Wir haben den Star um 6 Uhr morgens mit kurzen Sätzen, Satzfragmenten und einzelnen Wörtern konfrontiert und ihn um bündige Antworten, Assoziationen oder Gedanken zu diesen Stichwörtern gebeten.

A wie Argentinien

Meine Heimat, mein Zuhause, meine Mama, meine Familie, meine Freunde, meine Sprache, meine Mentalität, meine Kultur. Jedes Mal, wenn ich Argentinien höre, bekomme ich Heimweh. Das erste Mal nach zwanzig Jahren reiste ich mit meiner Familie nach Argentinien, um dort Weihnachten zu feiern.

B wie Büroarbeit

Die erledigt weitestgehend meine liebe Frau Gabi. Sie kümmert sich auch um unsere Bankgeschäfte. Außerdem habe ich einen Steuerbera-

ter, einen Prokuristen, einen Fahrer und meine Tourmanagerin.

C wie Computer

Ich lese gerne eine E-Mail von Argentinien und das Gästebuch auf meiner Homepage. Ansonsten habe ich von Computern keine Ahnung und auch keinen Laptop in meinem Reisegepäck. Meine Frau und ich sind auch sehr skeptisch, was die so beliebten Gameboys für unsere Kinder (Vanessa, 11, und Laura, 17; die Red.) angeht. Wenn ich Kinder habe, dann muss ich mir auch die Zeit für sie nehmen. Computer sind eine wichtige Entwicklung unserer Zeit, aber keine gute Sache für Kinder.

D wie Disco

Mit 15 Jahren war ich gerne in der Disco, jetzt gehe ich nicht mehr so gerne auf Partys. Ich suche mir lieber einen schönen Platz, wo ich mich bei einem guten Glas Wein mit Leuten unterhalten kann.

E wie eigenes Heim

Wir werden in Hall in Tirol unser wunderschönes eigenes Heim bauen. Das Grundstück haben wir schon. Jetzt müssen noch ein paar Formalitäten geklärt werden. Vielleicht können wir in einem halben Jahr mit dem Bau beginnen, vielleicht auch erst etwas später. (Mittlerweile sind die Rossis in Mils ansässig; vgl. S. 201 – die Red.)

F wie Frühaufsteher

In der Früh beginnt das Leben. Sogar im Urlaub bin ich immer um halb sechs aufgestanden. Habe mich im Dunkeln angezogen, weil meine Familie ja noch schlief. Dann war ich ganz alleine am Strand, denn ich liebe es, am Meer spazieren zu gehen. Aber zu Mittag brauche ich eine halbe Stunde Siesta.

G wie Geld

Mit Geld kann man sich vieles kaufen. Aber was für mich noch wichtiger ist: Mit Geld kann ich vielen Leuten helfen.

H wie Hungersnot auf der Welt

Ich habe die Stiftung „Juntos Podemos Crecer" für bedürftige Menschen in Argentinien gegründet. Die möchte ich auch im Dezember besuchen. Allein 10.000 indianische Kinder warten dort auf mich. Sie schlafen in Kartonhäusern und haben nichts zu essen. Es ist unvorstellbar: Die Kinder dort freuen sich über eine warme Milch, ein bisschen Pasta. Ich telefoniere ständig mit meinem Onkel José, mit Schwester Jordan und Pfarrer Joaquín in Argentinien. Wenn ich sie frage, was sie brauchen, dann sagen sie mir nur: etwas zum Essen. Diese Situation macht mich total verrückt. Den Kindern kann mit einem Groschen so viel geholfen werden, nicht etwa nur mit hundert Euro. Wirklich jeder noch so kleine Betrag hilft, der auf dem Spendenkonto Semino Rossi eingeht:
Förderverein der Stiftung
JUNTOS PODEMOS CRECER e.V.
Orthstraße 24, 81245 München, Deutschland
Konto-Nr. 6062111, BLZ 70070024
IBAN: DE54 7007 0024 0606 2111 00
BIC (SWIFT-Code): DEUTDEDBMUC

I wie Idole

Jesus und Maria sind Idole für mich. Ich habe natürlich auch Vorbilder: Plácido Domingo, Demis Roussos, Julio Iglesias. Vor ihnen habe ich sehr viel Respekt.

J wie Ja, „Einmal Ja – immer Ja"

Mein persönliches Lebensmotto. Das gilt auch für die Ehe mit meiner lieben Frau Gabi. Bei der Hochzeit in der Kirche habe ich ja gesagt. Dass dieses eine „Ja" „immer Ja" bedeutet, ist doch ein wunderschöner Traum. In der Wirklichkeit passiert es leider nicht so oft.

K wie Kinder

Etwas ganz Besonderes, die Zukunft unserer Welt. Kinder tun immer nur das, was ihr Herz sagt. Jesus sagt in der Bibel, dass wir wie die Kinder sein sollten. Ich persönlich könnte es mir auch gut vorstellen, noch einmal Papa zu werden, denn ich mag Kinder sehr gerne. Aber wir haben ja schon zwei, und das würde viel neue Arbeit für meine Frau bedeuten. Eigentlich würde ich es lieber sehen, dass sie ihr Leben jetzt genießen kann. Und ich helfe den Kindern von anderen Leuten.

L wie Lockenkopf

Ich bin stolz auf meine Locken, habe sie von meinem lieben Vater und meiner lieben Mama geerbt. Beide haben Locken. Das Schönste: Die brauchen überhaupt keine aufwendige Pflege. Kopf ins Wasser, schütteln, fertig!

M wie Musikantenstadl

Der „Musikantenstadl" hat genau wie die „Feste der Volksmusik" für meine Karriere eine wichtige Rolle gespielt. Ich war schon gern bei Karl Moik und komme jetzt genauso gerne zu meinem Freund Andy Borg.

N wie Neider

Ich glaube, jeder von uns hat Neider. Sie sind ein Teil unseres Lebens. Mich persönlich interessiert das nicht. Ich weiß, was ich habe und warum ich es habe. Ich habe dafür gearbeitet.

O wie Wiener Opernball

Ich hatte noch nie so viel Geld, um den Eintritt dort zu bezahlen. Und mich hat das, ehrlich gesagt, auch überhaupt noch nie interessiert. Aber ich würde meiner Frau zuliebe mitgehen, wenn sie gerne einmal in einem schönen Kleid dorthin möchte.

P wie Papst Benedikt XVI.

Ich glaube an Gott, an Jesus und Maria, muss den Papst deshalb aber nicht unbedingt persönlich kennen.

Q wie Qualität

Ich bin ein Perfektionist, arbeite nur mit professionellen Leuten. Ich sage auch, wenn mir zum Beispiel ein Lied nicht gefällt. Und das singe ich dann auch nicht.

R wie rote Rosen

Ich gehe oft ins Blumengeschäft und kaufe für meine Frau drei Rosen. Dafür brauche ich kein bestimmtes Datum, und es müssen auch nicht fünfzig sein. Rosen und Blumen überhaupt sind die repräsentativste Versinnbildlichung von Liebe auf der ganzen Welt. Darüber freut sich ganz bestimmt jede Frau.

S wie Sentimentalität

Ich schäme mich meiner Tränen nicht. Das letzte Mal habe ich geweint, als man mir wieder einmal unzählige Gold- und Platinplatten überreichte.

T wie Talisman

Ich habe keinen Talisman und glaube auch nicht daran.

U wie Ungerechtigkeit

Die hasse ich, und da kann ich auch wirklich böse werden.

V wie Vorsorgeuntersuchung

Ich lasse mich einmal im Jahr richtig auf den Kopf stellen, vom Zehennagel bis zu den Haaren. Und glücklicherweise ist nach meiner Gallenoperation auch alles wieder okay.

W wie Weltreise

Ist ein großer Traum von mir, den ich mir irgendwann erfüllen werde. Es gibt auf dieser Welt so viele schöne Sachen zum Anschauen, zum Fotografieren und zum Genießen. Es muss auch keine 5-Sterne-Reise sein. Ich möchte beispielsweise in Kairo zu den Leuten auf die Straße gehen, auf dem Markt mit ihnen handeln. Und niemand wird mich dort erkennen.

X wie zum x-ten Mal böse Gerüchte

Jeder muss leben, auch die Journalisten. Doch mich ärgert, wenn sie Unwahrheiten über mich und meine Familie schreiben und damit sogar meine Frau verletzen.

Y wie Yesterday

Die Beatles sind eine total tolle Gruppe, die ich gerne einmal bei einer Welttournee getroffen hätte. Als Paul McCartney mit „Yesterday" den meistgespielten Song der Geschichte schrieb, war ich gerade drei Jahre alt. Einen solchen Hit zu haben, davon träumt wohl jeder Künstler. Natürlich auch ich.

Z wie Zukunftsangst

Es gab eine Zeit, wo ich nicht wusste, wie viel Geld ich im nächsten Monat verdienen und wie ich weiterleben würde. Das war Zukunftsangst, zwanzig Jahre lang. Zum Glück muss ich die jetzt nicht mehr haben, weil es mir gutgeht. Um meine Kinder brauche ich mir auch keine Sorgen zu machen. Die hätte ich, wenn sie in Argentinien, sonst wo in Lateinamerika oder in Afrika geboren wären. Meine Kinder haben das Glück, in einem Land mit Zukunft zu leben. In einem Land, wo es keinen Krieg und keine Hungersnot gibt.

Freunde und Wegbegleiter

Mit den Jahren und den Erfolgen ist der Freundeskreis des Schmusesängers sicher viel größer geworden. Hier möchten wir jedoch die Menschen vorstellen, die seit der Stunde null an der Seite von Semino Rossi standen. Sie sind es, die einen Großteil des Phänomens mittragen, nach außen lassen und gekonnt steuern und formen. Je größer der Erfolg ist und je weiter oben auf der steilen Karriereleiter sich ein Künstler befindet, desto schwieriger wird die richtige Balance zwischen „Besser schon" und „Besser nicht". Die vier hier Genannten übernehmen im Tagesgeschäft die Aufgabe, Semino bei diesem Akt zu helfen.

▲ *Andy Borg würdigt Seminos Leistung, von ganz unten so weit nach oben zu kommen. Er weiß, wovon er spricht.*

Freundschaft erlaubt einem
nicht automatisch, dem
anderen unangenehme
Dinge zu sagen. Je näher
man einem Menschen ist,
desto wichtiger werden
Taktgefühl und Höflichkeit.

Oliver Wendell Holmes

▲ *Feiern ihren Star-Kollegen: Ralf Schedler,*
Label-Manager Koch Universal, G.G. Anderson,
„Gaucho" Wolfgang Kröll und Manager Franz Selb.

WOLFGANG „GAUCHO" KRÖLL

Gaucho nennt man in Argentinien, Paraguay, Uruguay und dem südlichen Brasilien (hier Gaúcho) vorwiegend Nachkommen von Spaniern und Indios, die auf den Pampas Viehzucht treiben. Heute wird der Begriff umgangssprachlich oft auf alle Argentinier angewandt. Der Sänger dazu schmunzelnd: „So nennt man in meiner Heimat Argentinien die Cowboys. Ihre Aufgabe ist es, die Viehherden rechtzeitig ans Ziel zu bringen – und das passt doch auf ihn, oder?"

Von Beruf ist Wolfgang Kröll eigentlich Polizeibeamter in Innsbruck. Aber wenn Semino ihn braucht, nimmt er dienstfrei, legt Uniform und Polizeimütze ab und schlüpft für den Sänger in die Rolle des Chauffeurs und Helfers in allen Lebenslagen. Semino Rossi erklärt: „Wolfgang Kröll ist Weltmeister im Vorausplanen von Fahrten. Ich bin sehr viel in Deutschland, Österreich und der Schweiz unterwegs, da brauche ich jemanden, der sich perfekt auskennt, damit ich immer pünktlich am Ziel bin. Und da kann ich mich tausendprozentig auf Wolfgang verlassen. Ihm habe ich es zu verdanken, dass ich nicht erst in letzter Sekunde eintreffe oder gar zu spät dran bin. Seine Spürnase ist besser als das tollste Navigationssystem."

Außer dass Wolfgang Kröll der beste und sicherste Fahrer ist, den Semino Rossi sich überhaupt denken kann, übernimmt er auch allerlei Erledigungen. Rossi: „Es gibt so viele Dinge, die unterwegs anfallen. Wenn ich mal etwas vergessen habe, besorgt ‚Gaucho' blitzschnell Ersatz. Alles ganz ohne Hektik und routiniert. Und auf unseren Fahrten steuert er auch immer wieder mal die besten Speiselokale an, damit wir einen Happen essen können. Er ist einfach ein Profi, und ich weiß gar nicht, wie ich diese Touren bewältigen könnte, wenn ich ihn nicht hätte. Er hat mich kein einziges Mal im Stich gelassen, und deshalb sage ich auch, dass er mein Freund ist." Darüber hinaus ist „Gaucho" auch Präsident der Semino-Rossi-Fanclubs.

Wolfgang ist es auch, der immer wieder als Fotograf für die zahllosen Erinnerungsfotos mit dem Star und seinen Fans auf den Auslöser drückt.

FRANZ SELB

Dieser Mann ist wohl der allerwichtigste Wegbegleiter von Semino Rossi – Franz Selb, Musikmanager und ehemaliger Geschäftsführer der Plattenfirma Koch Universal Music.

Der Sänger: „Man darf nicht vergessen, dass ich früher nur ein einfacher Straßensänger war und nichts vom großen Musikgeschäft verstand. Ich wusste, dass man sich in die Hände eines erfahrenen Musikmanagers begeben muss, wenn man nach oben kommen will. Aber es ist das große Glück meines Lebens, dass ich Franz traf. Wie leicht hätte ich an den Falschen geraten können! Dann hätte meine Karriere niemals diesen unglaublichen Verlauf genommen. Doch in Franz habe ich einen Freund gefunden, der mir neben dem Erfolg im Musikgeschäft auch in privaten Angelegenheiten immer ehrlich und fair begegnet und mir hilft. Dafür bin ich ihm unendlich dankbar."

Als Musikmanager zieht Franz Selb seit Jahren für Semino Rossi im Hintergrund die Fäden. Er brachte ihn mit den besten Komponisten und Textern zusammen. Er sorgt dafür, dass die Alben erscheinen. Semino Rossi: „Franz hat sehr viel Erfahrung im Musikgeschäft. Bei ihm befinde ich mich wirklich in den besten Händen."

Franz Selb wiederum sagt: „Ich war von Anfang an davon überzeugt, dass Semino Rossi eine großartige Stimme hat. Es war mir egal, was andere von ihm hielten – ich glaubte fest an ihn. Heute gibt der Erfolg uns recht, und darauf bin ich stolz. Nach mehr als 25 Jahren im Musikgeschäft ist es schön, zu erleben, dass der Erfolg nun endlich auf den Richtigen getroffen ist, auf einen, der es sich wirklich verdient hat. Denn er ist trotz all seiner Erfolge ehrlich, geradlinig, sympathisch, bodenständig und ohne Starallüren geblieben. Ich bin froh, dass das Schicksal mich mit diesem tollen Künstler zusammengeführt hat."

ALFONS WEINDORF

Wenn jemand ein perfektes Gespür für Texte und Musik hat, dann ist es wohl der Musikproduzent Alfons Weindorf! Er hat schon mit zahllosen erfolgreichen Künstlern gearbeitet. Semino Rossi: „Viele meiner Fans ahnen ja gar nicht, wie wichtig es ist, einen herausragenden Mann wie Alfons Weindorf an seiner Seite zu haben. Als Künstler ist man ja kein Alleskönner. Um Erfolg zu haben, braucht man ein tolles Team von engagierten Menschen. Man braucht Experten, die ihr ganzes Wissen mit einbringen. In unserem Team ist Alfons Weindorf für die Kompositionen und die Arrangements verantwortlich, denn da bringt er das größte Können mit. Er ist mein Gradmesser: Wenn Alfons Weindorf von einem Lied überzeugt ist, dann gefällt es ganz sicher auch meinem Publikum. Er gibt die Richtung an, sagt, welche Lieder zu mir passen. Auf sein Gespür konnte ich mich bislang immer verlassen. Er war es auch, der mir Mut gemacht hat, auf Deutsch zu singen. Um ehrlich zu sein, ich habe so viele Jahre nur spanisch gesprochen und gesungen, und auf einmal bekam ich dieses wunderschöne Angebot, in Deutsch zu singen. Bevor ich das erste Mal nach München ins Studio fuhr, erhielt ich die Texte zum Lernen. Aber so ein Wort wie ‚S(Z)ärtlichkeit' hatte ich noch nie in meinem Leben gehört. Alfons Weindorf, der Produzent, wiederholte ständig: ‚Semino, bitte! Zärtlichkeit!' Das war schon ein bisschen schwierig, aber alle hatten viel Geduld mit mir, und ich habe versucht, mich zu konzentrieren, um Gefühl beim Singen zu zeigen. Alfons Weindorf sagte: ‚Du musst das t am Ende auch singen, sonst verstehen die Leute dich nicht.' Das war sehr lustig und eine schöne Erfahrung. Ich habe ein tolles Team, das mich in jeder Hinsicht unterstützt. Ich habe wunderbare Produzenten und Autoren wie Bernd Meinunger und ‚Alfonso' Weindorf. Mit dieser Zusammenarbeit hat etwas sehr Schönes in meiner Karriere begonnen. Was die Lieder betrifft, glaube ich, ist es in jeder Sprache dasselbe. Es sind Geschichten, wie sie jedem von uns passieren, Liebe, Traurigkeit und schöne Dinge."

Umgekehrt ist Alfons Weindorf ein großer Fan von Semino Rossis Stimme. Er sagt: „Semino ist ein Ausnahmetalent mit einer ganz besonderen Fähigkeit. Er kann allein mit seiner Stimme und seiner Aura beim Publikum große Emotionen wecken. Er singt mit Herz und Seele. Meine Aufgabe ist es, für diese be-

Semino und Franz: Sie sind das Power-Gespann des unglaublichen Erfolges und nebenbei auch noch wirklich gute Freunde. ▶

▲ Keine Tour, keine Autogrammstunde, kein Presse-
termin ohne Nina Ranwig, die Assistentin und „gute Seele"
des Stars.

sondere Stimme die richtige Musik und die passenden Texte zu finden. Seit über fünf Jahren arbeiten wir schon zusammen, und ich glaube, dass unser ganzes Team die richtige Kombination ist." Mit den Jahren hat sich zwischen Semino Rossi, Alfons Weindorf und dem ganzen Team auch privat ein sehr enger Kontakt entwickelt. Der Sänger: „Wir verstehen uns blendend, sind wie eine große Familie. Und das ist ganz bestimmt ein Teil unseres großen Erfolges."

NINA RANWIG

Sie ist neben Gabi Rossi die starke Frau im Hintergrund und gehört zu den treuen Freunden und aufmerksamen Wegbegleitern, ohne die der unbeschreibliche Erfolg von Semino Rossi gar nicht denkbar wäre.

„Sie ist die gute Seele, die auf mich achtet und mir immer den Rücken frei hält." Nina Ranwig ist jedoch viel mehr als das: Sie ist außerdem die Ansprechpartnerin, wenn Veranstalter Semino Rossi für einen Auftritt buchen wollen, wacht über den Kalender des Sängers und stimmt für ihn alle Termine für Konzerte, Interviews und Fernsehshows ab.

Nina Ranwig: „Zu Semino habe ich während seiner Tourneen den wohl engsten Kontakt, denn da betreue ich ihn sehr intensiv. Ich achte darauf, dass er sich nicht zu sehr verausgabt und zwischendurch auch mal eine Pause einlegt, um neue Kräfte zu sammeln. Eine Stunde vor seinen Auftritten schotte ich ihn völlig ab und lasse niemanden mehr zu ihm vor, damit er sich auf seine Show konzentrieren und sich in aller Ruhe einsingen kann. In dieser Zeit bin ich zwar bei ihm, aber ich störe seine Vorbereitungen nicht."

Was nur wenige wissen: Zu den unzähligen anderen Aufgaben der „guten Seele" Nina Ranwig gehört es auch, auf Semino Rossis drei Glücksbringer aufzupassen und dafür zu sorgen, dass er sie bei jedem Auftritt in seiner Garderobe vorfindet. Nina Ranwig: „Semino vertraut fest darauf, dass diese Glücksbringer ihm helfen. Sie geben ihm die Kraft, immer sein Bestes zu geben."

Semino im Rampenlicht

Die Bühne ist, was wirklich zählt

Da steht er in seinem blendend weißen Anzug, lächelt mit den Augen und singt mit einer Stimme, die es in jeder noch so riesigen Konzerthalle mucksmäuschenstill werden lässt.

DER ARGENTINIER
nimmt sein Publikum für einen Abend mit auf eine musikalische Reise

Er verzaubert sein Publikum im Handumdrehen, animiert die Damen in den vorderen Rängen, ihm Kusshände und Rosen zuzuwerfen – findet es „romántico" und schäkert mit den Frauen im Publikum, die auch nichts dagegen haben, wenn er sie liebevoll „Chicas" nennt. Der Argentinier nimmt sein Konzertpublikum für einige Stunden mit auf eine musikalische Reise. Seine verträumte Stimme, seine lateinamerikanische Ausstrahlung und die stimmungsvolle Atmosphäre machen aus einem Konzert von Semino Rossi ein ganz besonderes Erlebnis. Semino Rossi *live in concert* – wer ihn jemals live auf der Bühne erlebt hat, wird dieses Ereignis niemals wieder vergessen. Seminos Stärke sind emotionale Balladen und seine Bescheidenheit, die man ihm trotz all seiner Erfolge immer noch abnimmt. Seine „Señoritas" pilgern scharenweise an den Bühnenrand,

Ich verdanke meinem Publikum alles. Die Fans haben mich groß gemacht, sie sind der Grundstein meines Erfolges. Deshalb versuche ich bei jedem Auftritt, alles für sie zu geben. Semino Rossi 2008

um ihm Blumen, Teddys und Briefe zu bringen, ihm Schokolade zu schenken oder ihr Idol wenigstens einmal kurz berühren zu dürfen!

Zu einem Semino-Rossi-Konzert gehört natürlich auch die mit dem unvergleichlichen Akzent erzählte Geschichte seiner unglaublichen Reise von Argentinien nach Österreich. Den Teil mit dem Straßensänger untermalt Semino dann gerne noch mal, indem er den Bühnenboden nach imaginärem Trinkgeld absucht.

Insgesamt finden sich nun 16 Musiker und drei Tanzpaare auf der Bühne ein, und man bekommt ein

▲ *„Geschmeidig wie ein Panther bewegt er sich auf der Bühne" (Fanzitat).*

Die Musik und der Gesang haben mein ganzes Leben geprägt, deshalb bedeutet mir, für euch zu singen, so viel. Die Atmosphäre eines Theaters, einer Bühne, mein Orchester und mein Publikum lassen mein Herz höher schlagen – alles, wovon ich ein Leben lang geträumt habe, darf ich heute auf der Bühne erleben. Semino Rossi 2008

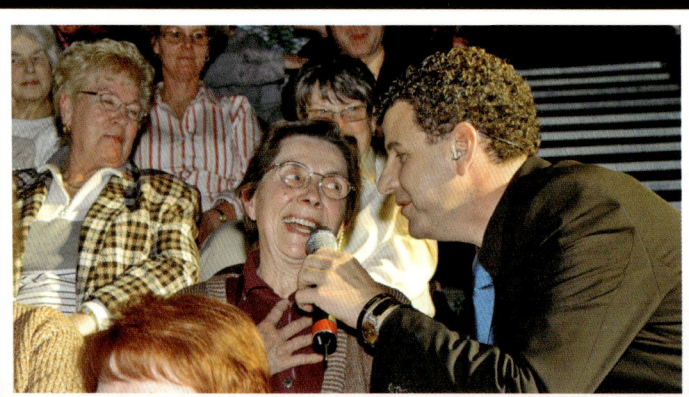

▲ *Jeder Zuseher (und natürlich jede Zuseherin) im Konzert hat das Gefühl: Ja, er singt nur für mich allein.*

Konzerterlebnis der Extraklasse geboten. Unter den Spitzenmusikern befindet sich auch der 77-Jährige Hector, der sein traditionelles Bandoneon spielt, ein kleines Akkordeon, das typisch für die argentinische Musik ist. Er beweist einmal mehr, dass Temperament und Herzblut keine Frage des Alters sind.

„Ich habe viele Spezialisten dabei, die sich um viele verschiedene Dinge kümmern. Ich konzentriere mich nur auf meinen Auftritt, auf meinen Gesang. Ich weiß, ich habe ein super Team bei mir, ich bin nicht alleine", hört man die aufrichtige Dankbarkeit des Stars heraus, wenn er über seine Musiker und Techniker spricht. Cousin Sergio Tossoratti ist Designer und entwarf die gesamte Bühnendeko sowie alle Kostüme und die Garderobe für die Musiker. Farbenfroh und klassisch südamerikanisch, wie es sich für Seminos Klänge geziemt. Auch der alte Freund und Wegbegleiter Humberto ist dabei und rundet das familiäre Gefühl hinter der Bühne ab. „Im Endeffekt muss man alles mit Liebe und Ehrlichkeit machen, dann gefällt es den Menschen auch und kommt in den Herzen an!"

Ein ganz besonderes Highlight bei Seminos Konzerten gibt es, wenn Mama Esther dabei ist. Da läuft der Star zur Höchstform auf. Zu groß ist der Stolz, es Mama zeigen zu dürfen, dass er es geschafft hat, und zwar ganz nach oben! „Wenn nach über 20 Jahren dein ganz persönlicher Traum wahr geworden ist, dann will man das seiner Mutter natürlich auch zeigen."

▲ *Ein perfektes Team an Musikern und Sängern bildet das Fundament für eine grandiose Klangshow.*

„Ich verdanke meinem Publikum alles. Die Fans haben mich groß gemacht, sie sind der Grundstein meines Erfolges. Deshalb versuche ich bei jedem Auftritt, alles für sie zu geben. Die gesamte Konzertproduktion hat eine hohe Qualität. Ich finde, man sollte sich ständig verbessern, immer das Beste wollen, dafür bin ich auch bereit, mehr zu investieren, denn ich will meine Fans gleich von Beginn an begeistern, ich will sie mitreißen und ihnen mit meinem Auftritt einige Stunden voller schöner Gefühle und Freude bereiten. Und wenn ich dann dieses ganz spezielle Leuchten in den Augen meiner Fans sehe, dann weiß ich, dass es mir gelungen ist. Das freut mich von Herzen, das spornt mich an, und das gibt mir ganz viel Kraft."
Wie richtig Semino damit liegt, sieht man an den freudestrahlenden Gesichtern im Publikum. Der Aufwand hat sich gelohnt, und der Applaus nimmt schier kein Ende.
Für Semino Rossi ist es eine Herzensangelegenheit, nach jedem Auftritt auch bei der Autogrammstunde, die sich manches Mal zu Stunden dehnt, auf Tuchfühlung mit seinen Fans zu gehen. Sie überreichen ihm dann Fotos und selbstgebastelte Geschenke. Semino Rossi: „Ich brauche den Kontakt zum Publikum. Wenn ich inmitten meiner Fans stehe und mit ihnen gemeinsam meine Lieder singe, fühle ich mich am wohlsten."

▲ *Cousin Sergio Tossoratti ist für das gesamte Design von Kostümen und Bühne verantwortlich. Das argentinische Flair kommt daher nicht von ungefähr!*

DIE TOUR-CREW

Ein Künstler kann nur erfolgreich sein, wenn er sich hundertprozentig auf sein Team verlassen kann. So ist es auch bei Semino Rossi. Wenn er auf Tournee geht, reisen fast hundert Mitarbeiter mit ihm durch Deutschland, Österreich und die Schweiz. Dann fahren sie tausende Kilometer im Tourneebus über Autobahnen und Landstraßen. Vorneweg fährt ein großer Lastwagen, in dem die Technik untergebracht ist. „Es ist eine Stimmung wie auf einer Klassenfahrt. Und trotzdem arbeiten alle Mitarbeiter hochprofessionell", erklärt Semino Rossi. Doch für den Sänger sind es nicht nur Mitarbeiter. Semino: „Wir sind eine Mannschaft, sind wie eine große Familie! Jeder packt mit an, und jeder kann sich auf den anderen verlassen. Denn wir alle haben einen Auftrag: meinen Fans einen unvergesslichen Auftritt zu bieten und das Publikum für einige Stunden in eine faszinierende Welt zu entführen. Und das geht nur, wenn vor, beim und auch nach dem Konzert alles nach Plan läuft. Wenn wir auf Tournee gehen, fahren die Techniker einige Stunden im Voraus zum Konzertort. Dort bauen sie

▲ *Seine Background-Sängerinnen stimmt Semino vor jedem Konzert noch mal auf den bevorstehenden Abend ein.*

▲ *Große Bühnen, große Show, großer Act, großes Team, großer Erfolg – so einfach scheint das Erfolgsrezept für eine Solotour zu sein. Allein: Seminos Erfolge sind in letzter Zeit unerreicht.*

▲ „Ich brauche den Kontakt zum Publikum.
Wenn ich mitten unter meinen Fans stehe und
mit ihnen gemeinsam meine Lieder singe, fühle
ich mich am wohlsten.“

die Bühne, die Scheinwerfer und die Tonanlage auf.
Verantwortlich für Sound und Licht ist die Firma
Soundhaus.

Es gibt sogar einen Fachmann für die Instrumente.
Semino Rossi: „Das ist Dirk Schulz. Er stimmt meine Gitarren, besorgt und überprüft auch alle anderen Instrumente. Bei ihm kann ich mich buchstäblich darauf verlassen, dass alles stimmt …“

Für das leibliche Wohl des Semino-Trosses ist als Tourneekoch Hanno Fust verantwortlich. „Hanno ist ein sehr guter Koch. Er zaubert sehr abwechslungsreiche Variationen, manchmal verschiedene Sorten von Pasta, immer viel Gemüse, was ich am liebsten esse. Dazu gibt es zwei oder drei Fleischvarianten, heute zum Beispiel gibt es Entenbrust und Schweinefilets. Aber meine große Schwäche sind Süßigkeiten. Ich bekomme jeden Abend so viel Schokolade und so viele Kekse. Ich habe jedoch gelernt, ein bisschen zu probieren und nicht gleich die ganze Packung zu essen. Den Rest teile ich dann mit meinen Musikern und den Leuten, die gerade in meiner Nähe sind."

Chauffeur ist aber auch auf den Tourneen Wolfgang „Gaucho" Kröll. Er sorgt dafür, dass Semino sicher und ausgeruht von A nach B gelangt, dass die Fans nicht zu hautnah an den Sänger ranstürmen, und selbst dafür, dass die Pressetermine für den Star nicht zu anstrengend werden. Er achtet mit dem nötigen Gespür auf die notwendigen Ruhephasen, die Semino nach den strapaziösen Abenden und Reisezeiten braucht.

▲ *Tourneekoch Hanno Fust sorgt für das leibliche Wohl des Stars. Schließlich sind tägliche Gesangsauftritte körperliche Schwerarbeit, und daher muss Semino auch unterwegs gesund und ausgewogen essen.*

TV-Highlights

Einer der gefragtesten Stars der Fernsehredaktionen

Mit dem attraktiven Sänger, der die „Latin Lover"-Ausstrahlung wieder in die deutschsprachigen Shows brachte, meinten es die Fernsehverantwortlichen ja Gott sei Dank gut.

Semino, der sich anfangs scheu und schüchtern wie ein kleiner Junge beim Singen an seiner Gitarre festhielt, wurde mit den Jahren und den Auftrittserfahrungen in nahezu allen großen Hauptabendshows ein cooler, routinierter Star. Sein Name darf auf keiner hochkarätigen Gästeliste im Fernsehen fehlen. Ob bei Andy Borg im „Musikantenstadl", bei Florian Silbereisens „Festen der Volksmusik" oder bei Carmen Nebel – bei diesen Quotenhits ist Semino ebenso Dauergast wie in den erfolgreichen Musikgalas „Starnacht", „Wenn die Musi spielt", „Krone der Volksmusik" und all den anderen einschlägigen Genres.

ER GIBT SICHERHEIT IN DIESER INSTABILEN WELT
Der renommierte Musik-Journalist Andy Zahradnik meint zu Seminos Erfolgen:

Ich halte ihn weniger für ein Phänomen als die richtige Stimme, das richtige Konzept zur richtigen Zeit. Seit dem Abgang von Julio Iglesias aus dem deutschen Schlager hat niemand mehr die Lücke des Latin-Schlager-Lovers mit deutschen Texten geschlossen. Rossi ist da in ein vorhandenes Vakuum hineingewachsen und setzt dies sehr erfolgreich fort. Er erfüllt gekonnt dieses latent vorhandene Bedürfnis der Fans.

▲ *Der Spatz von Avignon – Weltstar Mireille Mathieu mit dem damals noch ziemlich unbekannten Sänger Semino Rossi.*

*Das Goldene Ticket für Seminos Solotour: September 2008,
„Musikantenstadl" München.* ▼

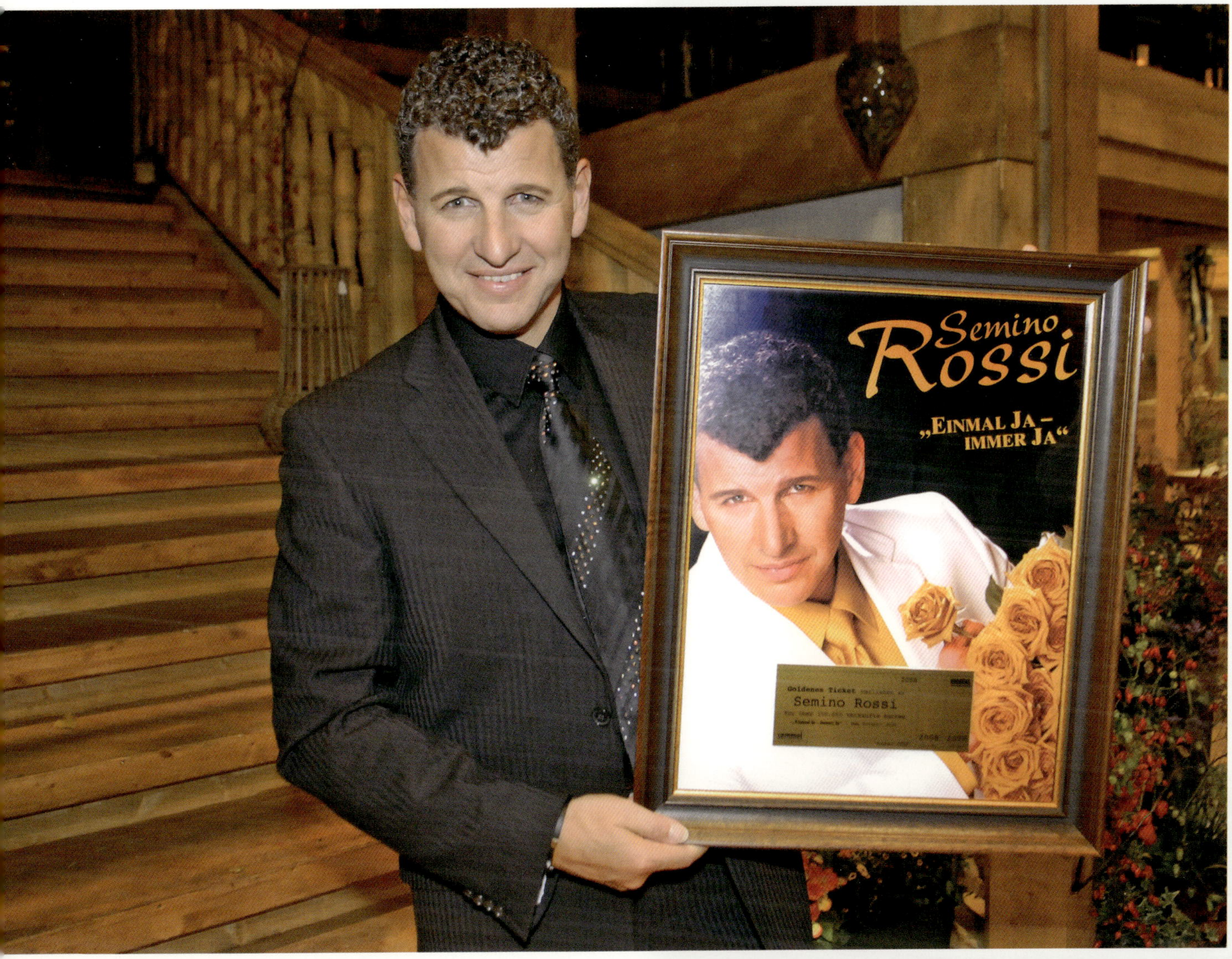

Semino unterscheidet sich vom Rest der Szene, weil
er durch seine Abstammung auf die Menschen in
unseren Breitengraden exotisch wirkt. Die Stimme,
der Akzent, seine argentinische Herkunft: das macht
ihn sehr authentisch. Die Kombination Stimme-Lieder-Herkunft-Auftreten passt perfekt. Ich glaube
auch, dass seine weiblichen Fans die von ihm immer
wieder betonte Treue zu seiner Ehefrau sehr schätzen.
Das wirkt sehr stabil in einer instabilen Welt, und das
mögen die Menschen. Es ist für sie schön, zu sehen,
dass es so etwas noch gibt.

*Shakehands unter Stars: ein waschechter und
ein fast echter Tiroler – DJ Ötzi und Semino.* ▶

Wenn ich singen darf, vergesse ich alles um mich herum. Die Bühne ist dann meine Welt, und ich bin nur für mein Publikum da. Semino Rossi

Ein schönes Paar: mit der
Schlagerkönigin Helene Fischer

▲ Goldene Henne – der Publikumspreis der deutschen Zeitschrift „SUPERillu".

▲ Echo Award: ein stolzer Moment, auch für seine Gattin Gabi.

Man sieht, aus dem publikumswirksamen Hauptabend ist der Sänger einfach nicht mehr wegzudenken. Und jedes Mal begeistert er seine Fernsehzuseher aufs Neue.

Für Semino Rossi ist es immer wieder ein ganz besonders magischer Moment, vor einem Millionenpublikum aufzutreten. Der Künstler erzählt: „Früher habe ich als Straßenmusiker mit meiner Gitarre in Fußgängerzonen gesessen und gesungen. Oft sind die Passanten achtlos an mir vorbeigegangen, und so sang ich für mich selbst. Wenn ich heute fürs Fernsehen auf der Bühne stehe, dann weiß ich: Es hören mir Millionen zu."

▲ Rührende Momente der TV-Unterhaltung.

Der Star hat uns in den vergangenen Jahren auch einige unvergessliche Fernsehmomente beschert. Denken wir nur an den leider einzigen, einmaligen Auftritt zusammen mit dem Stargeiger André Rieu, als die beiden in einer historischen Interpretation des Titels „Sakura / Nur mit Dir" im „Musikantenstadl" in Passau 2004 brillierten. Aber auch die rührende Überraschung von Karl Moik im Bremen-„Stadl", als Semino plötzlich seine Mama im Publikum erblickte und dann den Kampf gegen seine Freudentränen verlor. Ein herzzerreißendes Wiedersehen, wie es kein Schauspieler jemals inszenieren könnte. Aber auch die generöse Geste bei Carmen Nebel, als Semino die

SEMINO ROSSI DER STAR IM UNVERZICHTBAREN MEDIUM FERNSEHEN

Krone der Volksmusik – eine weitere Auszeichnung.

Spenden seiner Fans zugunsten des Roten Kreuzes aus seinem Privatvermögen verdoppelte. Etwas, das der Publikumsliebling nicht hätte tun müssen – es war für ihn eine Frage der Ehre. Auch das Zusammentreffen mit der großartigen Diva Nana Mouskouri, die von Anfang an Seminos Stimme für einzigartig hielt, oder die wunderbaren Duette mit Andy Borg – alles Highlights der Musikunterhaltung, für die wir uns alle bei Semino bedanken dürfen.

Hat ein Semino Rossi vor seinen TV-Auftritten denn auch noch immer Lampenfieber? „Natürlich – im-

▲   Eine ganze Fernsehbühne voller
Auszeichnungen – das gab es selbst im
„Musikantenstadl" noch nie! München,
September 2008.

Ein Star zum Anfassen – auch für die
ganz jungen „Kollegen": „Stadl" in
München 2008 – backstage. ▶

mer aufs Neue. Denn ich will immer das Beste geben, es darf nichts schiefgehen. Ich mag keine Vollplayback-Auftritte, sondern singe am liebsten live. Schließlich bin ich es meinen Fans schuldig, ihnen einen hundertprozentigen Auftritt zu bieten. Auch im Fernsehen."

Deshalb hat Semino Rossi sich ein Ritual angeeignet. „Man schirmt mich eine Stunde vor dem Auftritt von allem ab. Ich sitze dann allein in meiner Garderobe und absolviere den Auftritt im Kopf, lese meinen Text und gehe in mich. Das alles hilft mir, meine innere Ruhe zu finden und dann, hoch konzentriert wie ein Boxer vor dem Kampf, auf die Bühne zu gehen."

Ob Semino jemals eine eigene Fernsehshow haben möchte? „No, no. Das können andere besser als ich.

▲ *Ein Regie-Ass trifft auf ein Gesangs-Ass: „Stadl"-Regisseur Kurt Pongratz mit Semino.*

Semino in ungewohnter Rolle: Er überreicht dem „Stadl"-Chef Andy Borg Gold.

▲   *Semino mit Monika Martin.*

▲   *Mit dem Südtiroler Rudy Giovannini und wieder mit unzähligen Fans.* ▼

◄   *Promi-Finale: Semino, Angelika Milster, Florian Silbereisen, Hein Simons, Eberhard Hertel.*

Wie soll man sich nach einer Preisverleihung schon fühlen? Ausgezeichnet. Dieter Hildebrandt

möchte? „No, no. Das können andere besser als ich. Vielleicht eine Spendengala für meine Stiftung zugunsten der armen Kinder in Argentinien, dafür würde ich alles tun." Mal sehen, ob das die Programm-Macher der deutschsprachigen Sender lesen und an der Idee Gefallen finden.

◄ *Krönende Erlebnisse: Bei der Verleihung der Krone der Volksmusik in Chemnitz traf Semino auf viele beliebte Kollegen.*

Lass nie zu, dass du
jemandem begegnest,
der nicht nach der Begeg-
nung mit dir glücklicher ist.

Mutter Teresa

MUSIK 2008, 25.10.2008, 23:47:18

Fanclub Niederösterreich
grüsst

Semino
Rossi

Begeisterung gepaart mit Hingabe

Sie sind es, die Semino zu dem machten, was er nun ist: der erfolgreichste Schlagerinterpret. Sie himmeln ihn an, sie schreiben Gedichte über ihn und versuchen seine Erscheinung und das, was er mit seinen Liedern vermittelt, in Reimen und Hymnen auszudrücken. Sie lieben ihren Star – und er liebt sie. Kein Konzert und kein Auftritt ohne geduldiges Autogrammeschreiben, ohne Erinnerungsfotos und ein herzliches „muchas gracias" für die vielen Geschenke. Semino und seine Fans – ein wahres Märchen!

▲ *Semino immer an Bord.*

Durch Semino habe ich meine Lebensfreude wiedergefunden!

Nie vergesse ich den Tag im Frühling 2006, als eine Stimme mich aus meiner Lethargie riss – es war die Stimme Seminos. So etwas hatte ich bisher noch nie erlebt, so eine warme und weiche Stimme, die aber gleichzeitig so kraftvoll und wie ein Blitz mitten ins Herz geht. Beim Anhören der CD „Alles aus Liebe" konnte ich gar nichts mehr tun, als die Tränen über mein Gesicht laufen zu lassen. Ich fühlte mich freier, und meine Seele begann wieder zu atmen. Nun stecke ich mit meiner Freude auch andere Menschen an. Mein Leben ist so reich geworden, und ich werde ihm dafür ewig dankbar sein. *K. Schelenz*

Auf der Bühne – geschmeidig wie ein Panther

Ich durfte dabei sein, als Semino Rossi sein großes Wien-Konzert gab. Die Halle brodelte vor Freude und Stimmung, und ein einziger Sänger mit einer Gitarre brachte südamerikanische Stimmung in das kühle Haus. Seine Stimme ist einzigartig, er bewegt sich auf der Bühne geschmeidig wie ein Panther. *H. Neumüller, Schwechat bei Wien*

SR = Semino Rossi! (nicht Sommerreifen)

Ich finde Semino so toll, dass ich fast alles für ihn tun würde! Seit Juli 2006 begleitet er mich bildlich zu fast allen seinen Konzerten in Österreich und Deutschland. In Wien, wo er am 22. 4. sein Solokonzert gab, machte ich so viel Werbung, dass die Stadthalle fast ausverkauft war! Ich gebe keine Ruhe, bis jeder, wirklich jeder, der „SR" hört oder liest, nicht an „Sommerreifen", sondern an „Semino Rossi" denkt! *Mit Küsschen Eure Jasmine aus Wien*

DAS WAHRE FAN-MÄRCHEN SEMINO

▲ Semino unter seinen Anhängern: Er streut den Damen Rosen, und sie beschenken ihn mit allerlei selbstgebastelten Dingen. Mit Schokolade, Plüschtierchen und Ähnlichem.

▲ Der Star hat keinerlei Berührungsängste. Er weiß, was er seinem treuen Fankreis zu verdanken hat. Keiner bleibt unbedankt – für jede(n) nimmt er sich Zeit.

▲ Semino ist der „schillernde Anden-Kolibri" ebenso wie die „argentinische Nachtigall" oder der „Anden-Kondor".

DAS WAHRE FAN-MÄRCHEN SEMINO

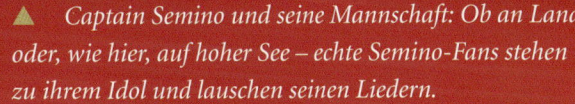

▼ *Semino in Aktion: Ihm ist die Umgebung egal – wenn er weiß, er hat sein Publikum, dann singt der Argentinier aus vollem Herzen und mit unvergleichlicher Hingabe.*

▲ *Captain Semino und seine Mannschaft: Ob an Land oder, wie hier, auf hoher See – echte Semino-Fans stehen zu ihrem Idol und lauschen seinen Liedern.*

Semino geht unter die Haut
Ich habe Semino Rossi in Freiburg erlebt, und das war das größte und schönste Erlebnis, das ich je hatte. Es hat mich nach einigen Tiefschlägen wieder aufgebaut. Leider hatte ich keine Gelegenheit, mal ein paar Worte mit ihm zu reden und für den wunderbaren Abend zu danken. Das wird wohl für immer ein Traum bleiben. Aber ich trage ihn als Tattoo immer bei mir. Da ich Rentnerin bin, kann ich mir nicht jeden Konzertbesuch leisten.
S. Meier aus Freiburg

SEMINOS FANCLUBS AUF EINEN BLICK

ÖSTERREICH

Fanclubzentrale
Gaucho
Postfach 32
A-6060 Hall in Tirol
Mobil: +43/(0)699/12 23 00 01
E-Mail: gaucho@seminorossi.info

Niederösterreich & Wien
Margot Pablé
Resselgasse 3
A-2301 Oberhausen
Mobil: +43/(0)699/13 62 42 21
E-Mail: clubleitung@fanclub-
seminorossi-niederoesterreich.at
www.fanclub-seminorossi-
niederoesterreich.at

Tirol & Vorarlberg
Carola Illyés
Burghard-Breitner-Straße 13
A-6020 Innsbruck
Mobil: +43/(0)650/980 89 00
E-Mail: fc.semino.rossi@gmx.at
www.fanclubseminorossitv.
beep.de

Steiermark
Mirjam Reitmayer
Auenbachweg 41
A-8403 Lebring
Mobil: +43/(0)6642/475 56 97
E-Mail: s.rossi-fanclub.stmk@gmx.at
oder mirjam.reitmayer@inode.at

DEUTSCHLAND
Petra Hellmich
Heinrichstraße 15
D-59199 Bönen-Nordbögge
Fax: +49/(0)2383/95 36 63
E-Mail: phellmich@t-online.de
www.seminorossi-fc-
deutschland.de

HOLLAND & BELGIEN
Fanclub Holland & Belgien:
Rinske Eyzenga
Oude Zwolsestraat 7
NL-7642 AR Wierden
Tel.: +31/(0)6/16 49 05 59
E-Mail: semino_rossi_fan
@hotmail.com
www.fanclubseminorossi.nl

SCHWEIZ
Erica Senn
Suracherweg 1, Postfach 443
CH-2545 Selzach
Tel.: +41/(0)32/618 15 43 oder
+41/(0)79/372 90 87
E-Mail: esenn@bluewin.ch

AUSTRALIEN
Heidrun Kuegerl
19 Tonia Avenue
AUS – Salt Ash N. S. W. 2318
Tel./Fax: +61/(0)249 82 68 65
E-Mail: hkuegerl@primusonline.
com.au
http://seminorossifanclub.
homestead.com/
seminorossifanclub.html

VOM STRASSENSÄNGER ZUM SUPERSTAR

Sein Erfolg ist ein Phänomen

Kollegen und Brancheninsider kommen hier zu Wort. Was sie von Semino als Mensch, als Sänger und als Wegbereiter für die Schlagerszene halten, das haben wir zusammengefasst.

KARL MOIK
Er hat immer an ihn geglaubt

Erstens einmal seine Stimme, zweitens einmal seine Ausstrahlung und drittens einmal, was sensationell ist, sein – wie wir in Österreich sagen – Schmäh. Al-

so, ich habe ihn zum ersten Mal auf der Bühne gesehen – und habe sofort bemerkt, mit welchem Charme, mit welchem Schmäh er die Leute einfängt, und die Leute fallen wunderbar darauf herein. Was gibt es für ein schöneres Kompliment für einen

Entertainer, einen Künstler? Man kann eigentlich nur den Hut ziehen. Er soll diesen Weg weitergehen, denn die zweite Tournee wird absolut noch besser, weil er auf jeden Fall steigerungsfähig ist. Und mit diesem Talent, diesem Können und mit diesem Durchsetzungsvermögen, das er hat, macht er seinen Weg so sicher wie das Amen im Gebet.

CARMEN NEBEL
Bezaubert von seinem Latino-Charme
Zum einen denke ich einmal, er kann singen, und das weiß jeder. Und dass das natürlich auch eine Art zu singen ist, die – ich sag mal – so Mainstream trifft, vor allem Frauen. Wir wissen, es gab ja auch mal einen Herrn Iglesias. Dazu kommt aber auch noch dieses sehr Charmante im Akzent. Wir Deutschen zum Beispiel – wie das bei den Österreichern ist, weiß ich ja –, aber wir Deutschen haben eine sehr starke Affinität zu solchem Akzent. Rudi Carrell hat klug entschieden, diesen nie abzulegen. Ich glaube, das ist das, was eine ganz große Sympathiewirkung auch erzielt. Dann denke ich, die Geschichte, die er hat – daraus

macht man in Hollywood einen Film. Und das Vierte, last, but not least, was ich nicht wusste; die Erkenntnis, die ich aus dem Konzert mitnehme – der Mann hat einen unglaublich guten Humor, das habe ich wirklich nicht gewusst; und das ist toll. Und das vielleicht alles zusammen, und dann gibt es vielleicht noch viele Dinge, die Sie nicht ahnen und ich nicht weiß.

ANDY BORG
Er weiß, wie hart das Musikgeschäft sein kann
Ich finde Semino Rossi super, weil er auf der Straße angefangen hat, und jetzt ist er einer der größten Schlagerstars. Deswegen hat er sich seinen Erfolg redlich verdient. Für mich ist er mehr als ein Kollege, weil wir uns privat auch gut kennen und sehr mögen. Was Semino für die Branche und die Fans tut, das können die wohl selbst am besten beantworten. Ich finde seine Konzerte jedenfalls großartig. Er ist seit langem ein guter Freund und ein bescheiden gebliebener Kollege, den ich immer wieder gerne bei mir im „Stadl" begrüße. Semino ist eine Riesenbereicherung in unserer Szene.

ERICH FUCHS,
ORF-Landesstudio Steiermark
Dankbar, ihn ein Stück Weges begleiten zu dürfen
Künstler sieht man auf der Bühne, und man lässt sich von ihnen begeistern oder auch nicht. Bei Semino Rossi war das anders. Ich saß im Backstage-Bereich und arbeitete am Computer. Dann hörte ich die Stimme eines mir damals noch sehr unbekannten Künstlers aus einem Geräuschebrei aus Rummelplatz und Marktschreier. Ich kannte dieses Gefühl bis zu diesem Moment nicht, dass mich eine Stimme derart berührte und ich diesen Mann auf der Stelle näher kennenlernen wollte. Semino vermittelte mir auch das Gefühl, als würden wir uns schon eine Ewigkeit kennen. Bei einem Kaffee haben wir viele gemeinsame Projekte geschmiedet, die auf seinem weiteren Weg nach oben hilfreich waren. Ich denke an die vielen gemeinsamen Konzerte, ob in Kirchen oder in unüblichen Konzertstätten wie Remise oder Hotelgarten. Die Konzertsäle sind mittlerweile unermesslich groß geworden, doch Semino ist in seiner bescheidenen Art demütig geblieben, genau so,

wie ich ihn als selbstbewussten Künstler vor sieben Jahren kennengelernt habe. Sein Weg, den ich ein Stück begleiten durfte, ist noch lange nicht zu Ende, denn Semino Rossi weiß nicht nur mit seiner außergewöhnlichen Stimme umzugehen, sondern lernt auch unheimlich schnell und vermag das Erlernte zu perfektionieren und richtig einzusetzen. Wobei in

allem immer der Mensch Semino klingt. Wann immer ich Semino Rossi höre oder ihn treffe, ist das wie ein Eintauchen in eine heile Welt, in der nur die Freude, das Schöne und die Liebe Platz haben. Danke, Semino, für die vielen schönen gemeinsamen Stunden und die Verbundenheit.

ANDY ZAHRADNIK,
Schriftsteller und Journalist, „Musikmarkt Magazin": **Semino ist sehr authentisch**
Ich halte Semino weniger für ein Phänomen als die richtige Stimme, das richtige Konzept zur richtigen Zeit. Seit dem Abgang von Julio Iglesias aus dem deutschen Schlager hat niemand mehr die Lücke des Latin-Schlager-Lovers mit deutschen Texten geschlossen. Rossi ist da in ein vorhandenes Vakuum hineingewachsen und setzt dies sehr erfolgreich fort und erfüllt dieses latent vorhandene Bedürfnis der Fans. Er unterscheidet sich vom Rest der Szene, weil er durch seine Abstammung auf die Menschen in unserem Breitengrad exotisch wirkt. Die Stimme, der Akzent, seine argentinische Herkunft: das macht ihn sehr

authentisch. Die Kombination Stimme-Lieder-Herkunft-Auftreten passt perfekt. Ich glaube auch, dass seine weiblichen Fans die von ihm immer wieder betonte Treue zu seiner Ehefrau sehr schätzen. Das wirkt sehr stabil in einer instabilen Welt, und das mögen die Menschen. Es ist für sie schön, zu sehen, dass es so etwas noch gibt.

G. G. ANDERSON
Prophezeite ihm eine große Karriere
Ich war der erste deutsche Kollege, der ihn damals bei der Geburtstagsparty bei Dieter Thomas Heck singen hörte. Er hat dort völlig unbeachtet gesungen, keiner der Anwesenden kannte ihn oder zeigte Interesse. Der Einzige, dem der Mund offen stand, war ich, und ich dachte bei mir: „Wie kann ein Mensch nur so gut singen?" „Herr Anderson, was meinen Sie über meine Musik?", fragte Semino nach dem Auftritt in gebrochenem Deutsch, und ich prophezeite ihm die große Karriere, die dann auch kam. Mittlerweile ist er nicht nur ein Kollege, sondern auch ein sehr lieber Freund.

VITUS AMOR, *Zillertaler Haderlumpen*
Tiroler Landsmann
Wir haben das Glück, Semino schon viele Jahre zu kennen. Seine Ehrlichkeit und sein Humor sind ein Musterbeispiel für die ganze Szene. Das Schöne an seinem Leben ist, dass man mit Fleiß und harter Arbeit auch in der heutigen Zeit noch ganz nach oben kommen kann. Qualität stand auch für ihn immer vor Quantität. Für uns ist Semino ein „echter Haderlump", und wir freuen uns auf jedes Wiedersehen mit unserem „Tiroler Landsmann".

NIK P.
Er ist ein ganz lieber Freund
Wir verstehen uns hervorragend und haben uns schon vor Seminos Riesenerfolg gekannt und gemocht. Vor Jahren bei einem Konzert in Innsbruck ist er damals zu mir in den Backstage-Bereich gekommen und hat mir erzählt, dass er in einem Kaffeehaus singt. Jahre später hab ich ihn dann bei einem TV-Auftritt wiedergesehen. Da konnte er bereits mit seiner einzigartigen Stimme brillieren. Semino hat die-

sen Erfolg verdient! Er ist ein ganz ein lieber Freund. Mit seiner unglaublichen Musikalität beweist er, dass Qualität zum Erfolg führt.

FRITZ KRISTOFERITSCH,
Die Edlseer: Ausnahmeerscheinung
Semino ist eine Ausnahmeerscheinung als Sänger und nebenbei ein super Gitarrist. Da wir Edlseer schon zirka dreißigmal mit Semino auf der Bühne standen, kann ich nur bestätigen, dass er einer der nettesten Kollegen in unserer Branche ist. Sein Humor und seine Bodenständigkeit trotz des einzigartigen Erfolges faszinieren nicht nur die Fans. Er ist einfach so, wie er ist, und weiß alles, was er in den letzten Jahren in seiner Raketen-Karriere erreicht hat, zu schätzen. Wenn jemand über zwei Jahrzehnte als Alleinunterhalter ein Publikum begeistern soll (muss), dann weiß man, wo es herkommt. Solche Sterne in unserer Branche sind für alle Interpreten sehr, sehr wichtig. Man wird bei einigen Kritikern wieder ernster genommen. Die Verkaufszahlen sind für alle gut, da ja

auch im Handel die Wichtigkeit unserer Szene bewiesen wird. Wieder einmal wird gezeigt, was Fans aus tiefster Überzeugung und Freude bewegen können. (Ohne Fans und Wegbegleiter kann es für niemanden Erfolge geben, danke an alle.)

Ich freue mich persönlich über die Freundschaft mit Semino Rossi und wünsche ihm weiterhin, dass alle seine Träume in Erfüllung gehen und dass diese Stimme und diese Persönlichkeit noch lange Menschen und Musikerkollegen erfreuen können.

SIGRID & MARINA
Er spürt die Musik und macht damit die Menschen glücklich

Semino Rossi ist ein wunderbarer Musiker, bei dem man merkt, dass sein Beruf auch seine Berufung ist! Er schafft es, sein ganzes Herz, seine Gefühle mit seiner Stimme und seinen Liedern zum Ausdruck zu bringen. Kurz: Er „spürt" die Musik und lässt uns durch seine Lieder daran teilhaben. Als wir ihn zum ersten Mal persönlich gesehen haben, waren wir beeindruckt von seinem Charisma. Da wir ihn für sein

Können sehr bewundern, sind wir ihm am Anfang eher zurückhaltend begegnet. Aber wir haben bei gemeinsamen Auftritten schnell gemerkt, dass er ein wunderbarer Kollege und Mensch ist, mit dem man sich sehr gut unterhalten kann. Er ist immer gut drauf, ehrlich und gibt auch gerne einen guten Rat weiter. Er hat eine sehr große Bedeutung für die ganze Szene und für die Fans. Es ist sehr wichtig, dass es solche Idole gibt. Die ganze Szene bekommt dadurch sehr viel Aufmerksamkeit in unserer Gesellschaft. Die Musikrichtung bleibt bei den Leuten interessant und beliebt. Und das Wichtigste, vielleicht sogar das Geheimnis eines Stars wie Semino: Man hat eine Persönlichkeit, zu der man aufschauen kann und die einen so manche Alltagssituation leichter meistern lässt.

MONIKA MARTIN
Er schafft es, dass sich jeder persönlich angesprochen fühlt

Es waren 8500 Leute in der Stadthalle in Wien, und allein dieser Anblick, wenn man als Interpret wie Semino Rossi dort oben steht und diesen Eindruck ge-

nießen darf, das allein ist schon so ein Geschenk für den Interpreten, dass man froh sein kann, das erleben zu dürfen. Semino singt für einen Menschen bestimmt ganz gleich wie vor diesen 8500, und ich glaube, darin liegt das Geheimnis. Ich glaube, es hat sich jeder von diesen Menschen angesprochen gefühlt und geglaubt, er singt jetzt nur für mich. Mir ist es auch so gegangen; wenn das einer alten Sängerin, einem „alten Hasen" passiert, dann ist das ein gutes Zeichen *(lacht)*. Dass er mich erreicht hat mit seiner Stimme; er singt wie ein Gott.

ROLAND EBERHART, *Calimeros*
Imposantes Stimmvolumen und keine Staralüren
Ich habe Semino vor zirka vier Jahren bei einem Auftritt kennengelernt. Er stand als Solist auf der Bühne und ich mit meinen Calimeros. Wie ich (etwa ein Jahr zuvor) erstmals seine Lieder hörte, war ich begeistert! Seine gefühlsvolle Art zu singen hat mich total angesprochen, und ich war mir sicher, dass Semino eine große Laufbahn vor sich hat. Das Stimmvolumen ist für mich imposant, und die

Bandbreite (speziell die hohen Töne) ist beneidenswert. Seine Stimme hat unbestritten etwas Exotisches an sich. Als Musiker bewundere ich ihn, weil ich der Meinung bin, dass er eine unverwechselbare und großartige, klangvolle Stimme hat. Als Kollege mag ich ihn, weil ich ihn als bescheidenen und freundlichen Sänger kennengelernt habe (ohne Staralüren), der aber wirklich etwas kann. Ich mag Semino, weil er für mich als Sänger ein Ausnahmetalent ist und sein Handwerk beherrscht wie kaum ein Zweiter (wovon viele nur träumen können) und dennoch ein ruhiger, zurückhaltender Mensch geblieben ist. In der Szene hat er für mich die Bedeutung eines Ausnahmekönners. Er fährt eine eigene Schiene, die ihm niemand streitig machen kann. Für die Fans ist er ebenfalls eine große Bereicherung! Wenn er für sie seine sanften Lieder singt, schmelzen die (nicht nur weiblichen) Fans nur so dahin und zeigen ihm mit den unzähligen Blumen und Geschenken, dass er sie mit seinen tollen Liedern glücklich macht. Ich freue mich für Semino, dass er einen so tollen Erfolg feiern kann.

Meine Gabriella

Wir sind
füreinander
geschaffen!

Gabi Rossi

Ehefrau Gabi – die Liebe seines Lebens

Gabi Rossi ist nicht bloß „Ehefrau eines Stars", nein, sie ist die Stütze und der Ruhepol in Semino Rossis Leben. Nicht nur die Erziehung ihrer zwei Töchter und das tägliche Aufrechterhalten der häuslichen Infrastruktur sind ihre Aufgaben, nein, Gabi arbeitet bis zum heutigen Tag noch in ihrem erlernten Beruf als Hebamme. Sie liebt diese Arbeit, was gibt es auch Schöneres, als Müttern beizustehen, die ihre Kinder auf die Welt bringen. Glückseligkeit und große Verantwortung, die sie tagtäglich und sehr oft auch des Nachts trägt. Gabi war es auch, die die junge Familie Rossi mit ihrem Einkommen über Wasser hielt, als Semino noch in Restaurants und Schihütten Musik machte. Alle Vorbehalte der Um-welt – „Wie kannst du nur: mit einem erfolglosen Musiker …?" – schlug sie tapfer in den Wind. Die Liebe und der Glaube an ihren Mann Semino machten die zarte Frau zur unglaublich starken Gattin und Mutter. Bis heute hält sich Gabi immer im Hintergrund. Nie käme ihr der Gedanke, sich ins Rampenlicht zu drängen, zu bestimmen, wer bzw. was Semino zu sein hat oder was er wann und wo zu tun hätte. Nie wird man über sie lesen, dass sie Geld verprasst oder mit geschmacklosen Aussagen in die Skandalpresse geraten wäre. Gabi Rossi ist unauffällig für ihren Mann, den Star, da, der in ihren Armen ganz einfach ein Mann ist, der geliebt werden und ein wenig zur Ruhe kommen will.

ZWEI, DIE ZUEINANDER GEHÖREN: GABRIELLA UND SEMINO. IN SCHWIERIGEN UND IN JETZT EBEN SEHR GUTEN ZEITEN STEHEN SIE ZUSAMMEN.

Diese Fähigkeit, nein, diese Stärke ist ein großer Teil des bedingungslosen Vertrauens, das Semino in seine Frau hat. Und obwohl tausende Frauen Semino bewundern und anhimmeln, ihm teilweise auch eindeutig zweideutige Angebote machen, gehört Seminos Herz einzig und allein seiner Gabi. Am 28. Dezember 1991 heirateten die beiden in der Pfarrkirche St. Nikolaus zu Hall und erneuerten ihr feierliches Ehegelübde fast zwanzig Jahre später in Seminos Heimat Argentinien unter Beisein seiner Mutter Esther und der ganzen Familie. Auch eine Form, Danke zu sagen, zu bekräftigen: „Ja, wir gehören zusammen! Wie wir es damals schworen: bis dass der Tod uns scheidet."

„Wir sind füreinander geschaffen!"
Wer Semino Rossi (47) und seine Ehefrau Gabi (46) jemals persönlich zusammen erlebt hat, der sieht und spürt, wie nahe und vertraut die beiden miteinander sind. Ihre Herzen schlagen im gleichen Takt. Sie leben das seltene Wunder der Liebe und Achtung und gehen sehr sorgfältig miteinander um, auch beim Interview merkt man: Das sind zwei, die sich aufeinander verlassen können.

▲ *Zärtliche Gesten beweisen, dass in dieser Ehe noch viel Liebe steckt.*

Wo habt ihr euch eigentlich kennen- und lieben gelernt?

Gabi Rossi: Ich weiß es noch auf den Tag genau. Es war der 3. März 1986. Ich saß mit einer Freundin in der Pizzeria „La Mamma" in Innsbruck …

Semino Rossi: … und da kamen ich und mein Kollege Humberto mit unseren Gitarren vorbei. Wir waren damals in Innsbruck Straßenmusiker, zogen musizierend von Restaurant zu Restaurant …

GR: … und ich habe dir damals 20 Schilling gegeben – das sind etwa 1,40 Euro. Das Erste, was mir an dir auffiel, waren übrigens deine schönen Hände. Ja, und dann haben wir ein bisschen miteinander geflirtet und schließlich Telefonnummern ausgetauscht.

Also war es die sprichwörtliche Liebe auf den ersten Blick?!

GR: Irgendwie schon. Aber es dauerte drei Wochen, bis ich mich traute, ihn anzurufen. Ich war damals allein und dachte, dass ich mal etwas für mein

Herz tun muss. Und Semino war einfach ein Mann zum Verlieben. Wir haben uns dann auf einen Kaffee verabredet …

SR: … und ich erzählte dir mein ganzes Leben. Wie ich von Argentinien mit nur ein paar Dollar in der Tasche nach Spanien ging und mich als Straßenmusiker durchschlug. Wie ich oft Angst hatte vor dem nächsten Tag, weil das Geld nicht reichte.

Und wann habt ihr festgestellt, dass ihr zusammengehört?

SR: Wir sahen uns nach dem ersten Treffen fast jeden Abend. Ich zog dann auch ziemlich bald bei Gabi ein. Sie hatte eine sehr kleine Wohnung in Innsbruck, nur 20 Quadratmeter. Das Bett war nur 90 Zentimeter breit, und ich musste einen Hocker dranstellen, damit ich Platz für meine Beine hatte. Aber da haben wir fünf Jahre lang zusammen gelebt. Wir hatten kaum Geld, aber umso mehr Liebe füreinander.

War damals das Thema Hochzeit schon aktuell?

SR: Ich fühlte mich wohl bei Gabi. Aber ich hatte Angst und war unsicher, ob ich sie wirklich glücklich machen und mit meiner Musik eine Familie ernähren kann.

GR: Und ich glaubte fest an dich! Es war mir auch nicht so wichtig, wie viel Geld du verdienst. Ich hatte ja meinen fixen Beruf als Hebamme in der Universitätsklinik in Innsbruck und zweifelte zu keiner Zeit daran, dass wir es gemeinsam schaffen können.

SR: Ich muss es hier einfach mal loswerden. Gabi, ich bin dir für alles so dankbar! Ich liebe dich! Du siehst mich mit deinem Herzen, du bist mein Herz. Wir sind füreinander geschaffen!

Wer hat denn dann den ersten Schritt mit einem Heiratsantrag gemacht?

GR: Das war ich. Ich fragte Semino, ob er mit mir gemeinsam alt werden möchte. Meine Eltern waren zunächst nicht gerade erbaut von der Hochzeit. Sie hätten sich für mich etwas Besseres gewünscht als einen Straßenmusiker. Aber was hätte mir denn ein gutsituierter Arzt oder Professor genützt, wenn

mein Herz nicht glücklich geworden wäre? Das haben meine Eltern schlussendlich akzeptiert. 1991 haben wir geheiratet, und inzwischen sind meine Eltern natürlich auch sehr stolz auf ihren Schwiegersohn.

Semino, wo ist eigentlich dein Ehering?

SR: Der Ring stört mich beim Gitarrespielen und liegt deshalb zu Hause in einer Schatulle. Aber ich trage eine Kopie davon in meinem Herzen. Und Gabi weiß, dass ich auch ohne Ehering zu ihr gehöre – mein Leben lang.

So wie ihr euch liebt, kann man sich Streitereien gar nicht vorstellen.

GR: Nun ja, ab und zu kracht's bei uns schon. Welches Ehepaar hat das nicht? Aber ich kann mich nicht an einen einzigen Streit erinnern, der nicht schnell beigelegt wurde. Wenn es ein Problem gibt, dann reden wir darüber, bis es gelöst ist …

SR: … und dann versöhnen wir uns. Lautstark ist ein Streit bei uns übrigens noch nie geworden.

Semino, es wird viel gemunkelt und spekuliert: Hand aufs Herz: Gibt es da eine andere Frau?

SR: Ich möchte das hier ein für allemal klarstellen: Es gibt keine andere Frau. Die Ehe von Gabi und mir ist intakt. Wir könnten einander gar nicht belügen …

GR: … weil unsere Liebe zu groß ist. Wir haben miteinander schon so viel erlebt und sind in unseren gemeinsamen Jahren richtig fest zusammengewachsen. Dieses Glück würden wir doch nicht für ein Liebesabenteuer aufs Spiel setzen! Auch wenn Semino beruflich unterwegs ist, weiß ich, dass ich ihm blind vertrauen kann.

Schlussfrage: Wenn Sie jetzt nicht der berühmte Sänger geworden wären – was wären Sie dann, Semino?

SR: Dann würde ich vielleicht als Kellner oder als Taxifahrer arbeiten. Aber eines ist ganz gewiss: Ich wäre auch dann mit Gabi zusammen. Sie ist die Frau meines Lebens, neben meiner Mama die einzige Frau meines Lebens.

Ein edles Beispiel
macht die schweren
Taten leicht.

Johann Wolfgang von Goethe

▲ *Plácido Domingo*

Idole mit klingenden Namen

Nicht erst im 18. Jahrhundert, nein, schon viel früher haben die Komponisten erkannt, welch unglaubliche Anziehungskraft die Musik ausübt. Denken wir nur an die Minnesänger des Mittelalters. So manche Hofdame ist damals sicher nicht nur den Zeilen und Klängen, sondern dem ganzen Mann erlegen.

▲ *Céline Dion – eine richtige Gesangs-Diva*

▲ *Bryan Adams – Meister romantischer Rockballaden*

Julio Iglesias ist wie
guter Rotwein:
Er wird mit dem Alter
immer besser.

MUSIK IST DER SCHLÜSSEL ZUM WEIBLICHEN HERZEN

Semino Rossi: „Jeder Sänger hat Vorbilder, die ihn musikalisch prägen – und zwar ein Leben lang. So ist es auch bei mir!" Das größte Idol des Sängers ist der weltbekannte spanische Tenor Plácido Domingo (68). Semino Rossi: „Er gehört zu meinen absoluten Top-Favoriten, denn er ist ein außergewöhnlicher Sänger mit unglaublichen stimmlichen Qualitäten. Allerdings bewundere ich auch seine Persönlichkeit, weil er in sich ruht und auf der Bühne eine unglaubliche Souveränität ausstrahlt." Getroffen haben sich die beiden Superstars bislang zwar noch nicht. Semino: „Aber ich träume schon seit vielen Jahren davon, eines Tages mit Plácido Domingo gemeinsam auf der Bühne zu stehen und zu singen."

Ein weiteres großes Vorbild von Semino Rossi ist der griechische Sänger Demis Roussos (63). „Demis ist nicht ganz unschuldig daran, dass ich einst mit dem Singen begonnen habe, denn in den 70er Jahren habe ich oft die Lieder von ihm und seiner Rockband Aphrodite's Child gehört."

Und dann ist da noch der spanische Schmusesänger und Frauenherzenbrecher Julio Iglesias (65). Semino Rossi: „Auch ihn bewundere ich sehr! Er gehört zu meinen großen musikalischen Vorbildern. Er ist bereits seit Jahrzehnten einer der erfolgreichsten Stars im Musikgeschäft und hat mehr als 250 Millionen Schallplatten verkauft. Verglichen mit ihm, habe ich also noch einen sehr, sehr weiten Weg vor mir."

Von den weiblichen Topstars ist es Céline Dion (41), die Semino verzaubert und begeistert. „Wenn ich mir von einer Zauberfee wünschen dürfte, ein Duett mit einer Weltsängerin zu machen, dann wäre meine Wunschpartnerin Céline Dion. Sie sieht nicht nur ‚fantástica' aus, sondern hat eine traumhafte Stimme und eine Bühnenperformance, die unvergleichlich ist", gerät Semino ins Schwärmen.

MUSIKALISCHE VORBILDER

MEINE 10 LIEBLINGS-INTERPRETEN

1 Plácido Domingo
Für mich ist er der beste Tenor auf der Welt.

2 Demis Roussos
Seine Stimme ist für mich unvergleichlich –
diese Kraft!

3 Julio Iglesias
Er ist in all den Jahren immer besser geworden.

4 Céline Dion
Sie kann mich mit ihren Liedern zu Tränen
rühren.

5 Diana Navarro
Eine spanische Volkssängerin mit einer
fantastischen Stimme.

6 Luis Miguel
Einer der besten Interpreten
lateinamerikanischer Musik.

7 José Luis Rodriguez
Nicht nur für mich ist er seit vielen Jahren
ein Superstar.

8 Fernando Miceli
Ein Argentinier, er zählt für mich zu den
besten Tango-Interpreten.

9 Alberto Cortez
Ebenfalls Argentinier, seine Lieder sind
unglaublich ergreifend.

10 Bryan Adams
Seine soft-rockige Art macht mir Gänsehaut.

◀ *Demis Roussos: Seine Stimme ist für mich unvergleichlich
kraftvoll, und ich bewundere, wie er in fünf Sprachen
hingebungsvoll über die Liebe singen kann.*

Trost gibt der
Himmel, von dem
Menschen erwartet
man Beistand.

Ludwig Börne

Semino und sein Glaube

„Eine Stunde vor dem Konzert rede ich mit keinem Menschen", erklärt uns Semino. Das Einzige, was der Schlagerstar zwei Minuten vor jedem Konzert spricht, ist ein Vaterunser. Diese tiefe Gläubigkeit wurde dem Argentinier im wahrsten Sinne des Wortes „in die Wiege gelegt". Die St.-Franziskus-Kirche in seiner Geburtsstadt Rosario war nicht nur Ort seiner katholischen Taufe, sondern auch später häufig spiritueller Zufluchtsort des jungen Semino. Sein Gebet ist oft viel tiefer und ursprünglicher, weil es so gut wie immer aus der echten Verarbeitung des täglichen Lebens heraus erwächst. Es kommt also ganz natürlich und unverfälscht aus der Tiefe der Seele, aus dem tiefverwurzelten Gefühl der Bindung an die Liebe Gottes und der geistigen Verbindung mit den göttlichen Kräften und Mächten: spirituell – wie auch sehr oft die Fans die Lieder des Sängers empfinden.

◄ *Seine Liedtexte über Glaube, Liebe und Hoffnung öffneten ihm auch schon so manche Kirchentüre.*

DAS WUNDER DER MADONNA
Innige Begegnung mit seinem Glauben

Als gläubiger Katholik legte Semino Rossi sein Schicksal in die Hände der Mutter Maria. Rosario – das spanische Wort für Rosenkranz – hat für den Sänger eine Mehrfachbedeutung, die er auch immer wieder betont. Nicht nur die Tatsache, dass er vor jedem Auftritt innehält, betet und die Madonna küsst, unterstreicht die Gläubigkeit des Argentiniers. In seinen Liedtexten und während seiner Bühnenauftritte ist die Figur der heiligen Madonna immer präsent. Auch auf der filmischen Reise durch Seminos Heimat Argentinien („Buenos Dias – Ich bin wieder hier!") erhält die innige Begegnung mit der Gottesmutter im Einklang mit dem Wiedersehen mit Mama Esther eine fesselnde gestalterische Bedeutung, die Semino nur durch die Aufrichtigkeit seines Glaubens so darstellen kann.

Auch auf dem langen, harten Weg zum Erfolg legte der Sänger sein Schicksal mehr als einmal in die göttlichen Hände der Vorsehung, und wenn er gar nicht mehr wusste, wie es weitergehen sollte, dann richtete er ein Gebet am die Muttergottes. Das waren die Momente, in denen Semino nichts sonst mehr hatte als seinen Glauben. Was ihm damals Kraft gab, war die Erinnerung an die Madonnenfigur in der St.-Franziskus-Kirche seiner Heimatstadt Rosario.

Semino Rossi: „Diese Madonna ließ mich nie im Stich, sie führte mich stets auf den richtigen Weg. Noch heute bete ich täglich zu ihr. Sie ist meine Schutzheilige, bei ihr fand ich immer wieder Rat und Hilfe." Die Madonna von Rosario spielte im Leben des tiefgläubigen Katholiken schon immer eine wichtige Rolle. Semino Rossi: „Unter den Augen der Madonna wurde ich getauft. Später hab ich für sie im Kirchenchor gesungen. Und oft ging ich allein zu ihr und vertraute ihr alle meine Sorgen an."

Im spirituellen Zwiegespräch des Gebets erfuhr Semino unglaubliche Stärkung: „Die Madonna hat mir versprochen, dass sie immer ihre schützende Hand über mich halten wird. Als ich auf der Straße stand und kein Geld hatte, half sie mir weiter. Sie flüs-

terte mir zu: ‚Glaub an dich, Semino. Deine Zeit ist noch nicht reif. Aber das Wunder wird eines Tages wahr.' Das half mir, nie aufzugeben – auch nicht in den allerschwersten Stunden. Die Madonna ließ mich durch ein Tal der Tränen gehen, weil sie wollte, dass ich an diesen Herausforderungen wachse. So lernte ich, mein Glück zu schätzen. Sie ist so gütig und so weise. Und sie ließ mich warten, bis ich reif und stark genug war."

Das Wunder der Madonna von Rosario ließ zwar einige Jahre auf sich warten und stellte den Glauben und die Geduld von Semino auf so manch harte Probe, aber im Jahr 2001 traf es tatsächlich ein: Das Talent und die unglaubliche Stimme des verarmten Straßenmusikers Semino Rossi wurden endlich von den richtigen Menschen erkannt. Das Schicksal meinte es fortan gut mit dem Sänger, und heute ist er einer der erfolgreichsten Stars des deutschen Musikgeschäfts. Selbstverständlich zählt Semino auch seine beiden gesunden Töchter und seine glückliche Ehe mit Gabi zu den Lebenswundern, die ihm die göttliche Fügung zuteil werden ließ. „Wer nicht an Gott glaubt, hat keine Ahnung, warum er auf der Welt ist. Durch meinen Glauben beginne ich jeden Tag mit einem Lächeln, und vor jedem Auftritt schenkt er mir Kraft. Vor meiner ersten Solotournee war es meine größte Sorge, dass mein Deutsch nicht gut genug für die Auftritte sein könnte. Doch dann kamen mir die richtigen Worte auf einmal wie zugeflogen", spürt Semino die Hilfe von oben in vielen Lebenssituationen. Er sagt: „Aus tiefer Dankbarkeit trage ich immer ein Foto der Madonna von Rosario in meiner Brieftasche. Ich verehre sie."

Der Glaube an übersinnliche Kräfte, an Fügungen des Schicksals und Spiegelungen des Charakters lässt Semino auch noch an drei weitere Glücksbringer, die er immer bei sich trägt, glauben: ein goldenes Kreuz, das seine Mutter ihm zur heiligen Kommunion

Wann immer Semino Gelegenheit findet, besucht er ein Gotteshaus, um dort die Ruhe und die Einkehr zu genießen. Er sagt: „Die Nähe zu Gott ist in einer Kirche stärker zu spüren."

schenkte, dazu einen Anhänger mit einem Heiligenbild, den er von seinem besten Freund Nika bekam, und eine goldene Münze, die ihm sein Vater einst vermacht hat. Semino Rossi: „So halten drei der wichtigsten Menschen in meinem Leben immer ihre schützende Hand über mich."

Diese schützende Hand hat der vielbeschäftigte Star in den letzten Jahren auch schon öfter gebraucht. An ein besonders schreckliches Erlebnis erinnern sich alle Fans: Seminos Schutzengel bei einem Unfalldrama. Während der ausverkauften Solotournee war Semino wochenlang unterwegs. Jeden Tag eine andere Stadt, viele tausende Kilometer, die der Tour-Tross zu bewältigen hatte. Auf einer stark befahrenen Autobahn kam es zu einem schrecklichen Zwischenfall: Ein vor Seminos Bus fahrender PKW geriet ins Schleudern, kam von der Spur ab und prallte gegen die Leitplanke. Durch die hohe Geschwindigkeit überschlug sich das Fahrzeug und kollidierte mit einem vorbeifahrenden LKW. Eine Massenkarambolage war die Folge, und der Rossi-Tourbus konnte in letzter Sekunde ausweichen. „Diese Sache hätte auch ganz anders ausgehen können. Aber mein Schutzengel hat auf mich aufgepasst. Da bin ich mir ganz sicher", beschreibt der Sänger dieses traumatische Erlebnis.

Semino ist also ein tiefgläubiger Mensch, und sehr oft, auch auf Tourneen, findet man ihn im Gebet in einer örtlichen Kirche. Die dort herrschende Ruhe genießt der Star besonders. Die Nähe zu Gott kann man in seinen Gotteshäusern einfach stärker spüren!

Ohne Zweifel war er ein gläubiger Mensch, der bloß nichts glaubte; seiner größten Hingabe an die Wissenschaft war es niemals gelungen, ihn vergessen zu machen, dass die Schönheit und Güte der Menschen von dem kommen, was sie glauben, und nicht von dem, was sie wissen. Robert Musil, Der Mann ohne Eigenschaften

Das beste Mittel, jeden Tag gut zu beginnen, ist: beim Erwachen daran zu denken, ob man nicht wenigstens einem Menschen an diesem Tage eine Freude machen könne.

Friedrich Nietzsche

Gutes tun

Für ihn bedeutet Glück, es auch zu teilen

„Wenn man mit schönen Dingen auch noch Gutes tun kann, dann ist das ein wunderbares Geschenk." So beschreibt Semino sein soziales Engagement. Er hat nie vergessen, woher er kommt und dass Wohlstand, Glück und Gesundheit keine Selbstverständlichkeiten sind.

SEMINO HAT NIEMALS VERGESSEN, WIE VIEL LEID UND BEDÜRFTIGKEIT ES AUF DER WELT NOCH IMMER GIBT.

„Wer Glück im Leben hat, der sollte es mit anderen teilen", sagt Semino Rossi – und das sind für ihn keine leeren Worte. Semino lässt ihnen, wann immer es seine Zeit erlaubt, auch Taten folgen! Sei es nun für die Deutsche Welthungerhilfe mit einem Kinderprojekt in Peru, das Deutsche Rote Kreuz (Semino verdoppelte bei einer TV-Show – der „Willkommen bei Carmen Nebel"-Weihnachtssendung in Dresden 2007 – einen Spendenscheck über den Betrag von 8500 Euro, der auf der Semino-Rossi-Tour gesammelt worden war, auf immerhin 17.000 Euro! Ein unglaublich reichweitenstarker Impuls an die Menschen, es doch ihrem Vorbild gleichzutun) oder seine eigene, die Semino-Rossi-Stiftung „Juntos Podemos Crecer". Diese karitative Einrichtung, deren Name so viel heißt wie „Gemeinsam schaffen wir es!", soll den Ärmsten der Armen, den obdachlosen Kindern in den Slums in Seminos Heimat Argentinien, dabei helfen, ein menschenwürdiges Dasein zu erhalten: regelmäßiges Essen, ein Dach über dem Kopf, sauberes Wasser, alles Dinge, die für uns hier in Europa Selbstverständlichkeiten sind. Mit ganzem Herzen und guten Taten unterstützt Semino die Menschen, die dort in Slumsiedlungen jeden Tag aufs Neue ums Überleben kämpfen müssen.

Welch furchtbare Verhältnisse dort herrschen, zeigt uns Semino persönlich vor Ort. Wir fahren mit ihm an den Stadtrand von Rosario, hinunter zum Fluss

SPENDENKONTO

Förderverein der Stiftung
JUNTOS PODEMOS CRECER e.V.
Orthstraße 24, 81245 München, Deutschland
Konto-Nr. 6062111, BLZ 70070024
Deutsche Bank

Wichtig für die Überweisung aus dem Ausland:
IBAN: DE54 7007 0024 0606 2111 00
BIC (SWIFT-Code): DEUTDEDBMUC

SEMINO ROSSI SO HILFT SEMINO

◄ *Seminos Anliegen ist es, besonders in Lateinamerika zu helfen. Die Ärmsten der Armen, die Kinder, liegen dem Star besonders am Herzen, und gemeinsam mit seinen tausenden Fans aus Europa hat er mithilfe von Spenden im Alltag dieser Notleidenden schon einiges zum Besseren verändern können. Aber es gibt noch viel zu tun!*

Rio Paraná. Beißender Gestank von Abfällen und schmutzigem Wasser liegt in der Luft. Kinder spielen auf Müllbergen, überall gibt es Ratten. Die verfallenen Hütten direkt neben den Bahngleisen sind abbruchreif, und hier leben tatsächlich Menschen! Semino: „Für uns in Europa ist so ein Elend kaum vorstellbar. Wir wissen doch gar nicht mehr, wie gut wir es haben! Die zugigen Blechhütten, die zerschlissene Kleidung – das ist alles, was diese Menschen besitzen. Die Kinder müssen im Dreck zwischen Ungeziefer spielen. Sie können weder lesen noch schreiben, weil es hier keine Schule gibt. Mein Herz weint, wenn ich das sehe. Und ich möchte dagegen etwas tun. Ich will diesen armen Menschen helfen, ihnen Häuser und eine Schule bauen, damit sie sich ein neues, glücklicheres Leben aufbauen können."

Diesen Traum hat Semino seit seiner Kindheit: „Gemeinsam mit meiner Mama habe ich bereits als kleiner Junge die Slums besucht und den Bewohnern etwas zu essen gebracht. Sie leben hier wie Ausgestoßene in einem Ghetto. Das Schlimmste für mich ist aber, dass diese Kinder noch heute bei meiner Mama vor der Türe stehen und um Essen betteln müssen. Es ist mein Herzenswunsch, ihnen zu helfen."

Jeden Monat schickt er Geld, und gemeinsam mit einem befreundeten Pater und der Ordensschwester Maria kauft Seminos Cousin Joaquín dafür Kleidung, Lebensmittel und Medizin für die Menschen in den Slums.

„Ich hoffe, dass mich viele Menschen, denen es finanziell gutgeht, bei meinen Projekten weiter unterstützen werden. An dieser Stelle möchte ich meinen Fans ein herzliches Dankeschön sagen für die Beträge, die bis jetzt schon gemeinsam gesammelt wurden. Ich bin überzeugt davon: Wenn man viel Gutes für andere tut, dann bekommt man auch viel Gutes in seinem Leben zurück."

In der Politik ist es wie
in einem Konzert: Unge-
übte Ohren halten das
Stimmen der Instrumente
schon für Musik.

Amintore Fanfani

Spielball der Tiroler Lokalpolitik

Es ist immer sehr schwierig, über den Wert politischer Ziele zu urteilen, wenn deren Erreichung noch in weiter Ferne liegt. Ich glaube daher, dass man eine politische Bewegung nie nach ihren Zielen beurteilen darf, die sie laut verkündet und vielleicht auch wirklich anstrebt, sondern nur nach den Mitteln, die sie zu ihrer Verwirklichung einsetzt.

Werner Heisenberg

EIN UNWÜRDIGES POLIT-SCHAUSPIEL MACHTE DEN STAR ZUM SPIELBALL DER EITELKEITEN.

Semino hat mit Politik im herkömmlichen Sinn eigentlich nicht viel am Hut. Sein Lebensschwerpunkt liegt eindeutig im kreativen Schaffen von Musik, und die dazugehörenden Tätigkeiten füllen den Lebensalltag des Argentino-Tirolers mehr als aus. Semino Rossi lässt seine Person von keiner politischen Partei vereinnahmen, er versucht in seiner Heimat als anständiger Bürger im sozialen Gefüge von jeher seine Pflichten und Aufgaben zu erfüllen. Einzig: Zu sehr ärgern lässt sich der sonst so sanftmütige Sänger jedoch nicht. Als er in den letzten Monaten des Jahres 2007 zum Spielball der Tiroler Lokalpolitik werden sollte, zog er kurzerhand die Reißleine und verließ seinen langjährigen Wohnsitz Hall, um in die Nachbargemeinde Mils zu ziehen. Semino hat schlussendlich nicht interessiert, welcher Politiker was wann wo zu berücksichtigen hat. Er hatte eine Anfrage mit einem fairen Angebot an seine damalige Heimatgemeinde gerichtet, die man nach vielem Hin und Her, großem Pressegetöse und parteipolitischen Querelen in alle Richtungen und Couleurs negativ beantwortete. Für den geradlinig denkenden Menschen Semino war das ein nicht nachvollziehbarer Schlag, hatte er doch bei jeder sich bietenden Gelegenheit seine damalige Heimatgemeinde über den grünen Klee gelobt. Entnervt zog der Schlagerstar seine Konsequenzen, schließlich hatte er wahrlich anderes um die Ohren. Die Vorbereitung seiner großen Tournee, die Planung dutzender Fernsehauftritte sowie die Studioarbeit für das neue Album standen an. Nach langen familieninternen Diskussionen traf die Familie Rossi eine einstimmige Entscheidung: Man kehrte Hall den Rücken und nahm das Angebot der Nachbargemeinde Mils an. Dort hat Semino sich nun endlich sein jahrelang erträumtes eigenes Haus in Holzbauweise errichtet. Platz genug für seine beiden Töchter, Ehefrau Gabi und ihn selbst. Ein Garten direkt am Bach, große Fenster mit Blick auf die geliebten Tiroler Berge und die Gewissheit, dass ihm in seiner neuen Gemeinde keine Neider mit Eifersucht über den Zaun blicken. Natürlich blieb der Abgang des mittlerweile in ganz Europa bekannten Sängers in seiner damaligen Gemeinde nicht unkommentiert.

▲ *Hall in Tirol: Hier wohnte Semino bis vor einiger Zeit. Seine Frau arbeitet im nahen Kranken- haus als Hebamme, und er hat viele Freunde dort – am Schluss leider auch viele Neider.*

Seminos Traum geht in Erfüllung: Viele Jahre träumte der Argentinier von einem großen Haus mit Garten für seine Lieben. Mit Platz für ein großes Musikzimmer und eine Terrasse, wo er mit seiner Gabi in der Sonne frühstücken kann. Im Tiroler Ort Mils stellte man dem Publi- kumsliebling ein entsprechendes Grundstück zur Verfügung. In ein paar Wochen kann die Familie das so lange ersehnte Refugium beziehen. ▼

SO VERTRIEB MAN DEN SUPERSTAR AUS SEINER WAHLHEIMAT

Der Schlagersuperstar mit argentinischen Wurzeln, der ja bekanntlich vor noch gar nicht allzu langer Zeit sein Geld sehr mühsam als Straßenmusikant verdient hatte, wollte sich den Traum vom eigenen Haus mit Garten in seiner neuen Heimat Tirol, genauer gesagt in Hall, verwirklichen.

Der Skandal Rossi: Von rund 4200 m² war da die Rede. Auf die Fläche sollten neben Seminos Haus auch ein Tonstudio mit allem Pipapo und ein Fanmuseum entstehen. Auch ein Semino-Café mit Rossi-Ecke und argentinischen Spezialitäten hätte die Fans aus ganz Europa in das Tiroler Städtchen locken sollen – alles vorbei! Die Politiker begannen zu streiten, die Gemeinde legte sich quer – Semino, der immer zu seiner Wahlheimat gestanden ist, erhielt einen negativen Bescheid aus Hall. „Semino hat viel für unsere Stadt getan. Seine Abwanderung war das Schlimmste, was uns passieren kann. Wir Haller haben uns zum Gespött gemacht!", so ein örtlicher Gastronom.

Semino war in der Nachbargemeinde mit offenen Armen empfangen worden. Semino Rossi zieht also von Hall nach Mils um. Diese Tatsache an sich ergibt keine weltbewegende Nachricht. Außer für die Haller, die einen dicken Werbefisch von der Angel lassen, und für die Milser, die ebendiesen Fisch an Land ziehen. Ein Blick etwa über den Brenner in das

schöne Dorf Kastelruth genügt, um sich die Dimension zu vergegenwärtigen, in der sich das Geschäft mit berühmten Söhnen einer Gemeinde abspielen kann. Zehn Prozent der Nächtigungen, schätzt der dortige Tourismuschef, gehen auf das Konto von Fans der Kastelruther Spatzen. Norbert Rier, Chef der volkstümlichen Multimillionäre, erklärt das trocken zur Untertreibung.

Die Stadt Mils (gerade mal einen Kilometer von Hall entfernt) ebnete dem schwer enttäuschten Schlagerstar alle Wege und bot ihm ein 1700 m² großes Grundstück, idyllisch an einem Bach gelegen, Semino nahm an und möchte sich hier nun endlich seinen Traum vom Einfamilienhaus in Holzbauweise verwirklichen.

„Ich habe das vor allem wegen meiner Frau und meiner Kinder getan. Meine Frau ist Tirolerin, und meine Mädchen gehen hier zur Schule und haben hier ihre Freunde. So wie man mich behandelt hat, wäre ich am liebsten ganz aus Tirol weggegangen. Ich habe immer einen guten Preis für alles angeboten, wollte nie etwas geschenkt oder irgendwelche Vorteile, die ein anderer Mensch in diesem Land auch bekommt, und man stellt mich hin wie einen, der Unrecht tut? Viele Gemeinden in Österreich haben mir angeboten, zu kommen – das hat mir Mut gemacht, denn ich war schon sehr enttäuscht, wie man mit mir umgegangen ist."

Die Fans von Semino bleiben frei nach dem Motto „Einmal Ja – immer Ja" ihrem Idol treu und können die ganzen Querelen, die wie schlechtes Bauerntheater anmuten, überhaupt nicht verstehen. „Warum gönnt man einem Star, der so viele andere Menschen glücklich macht, tüchtig und fleißig arbeitet, seinen Erfolg nicht? Und wenn sich Semino 10.000 m² für seine Familie kaufen will – warum nicht? Er kann es sich leisten und hat es eher verdient als so manch anderer, der bloß durch Beziehungen zu etwas gekommen ist", meint ein zukünftiger Nachbar des Sängers.

Nun kann Semino mit seiner Familie bald in sein fantastisches neues Zuhause einziehen, wo man ihm mit dem Respekt begegnet, den er einfach verdient. In Mils neu anzufangen ist vernünftig – nicht zuletzt für Rossis makelloses Image.

Gesund und schön

Dass es schwer ist, süßen Verlockungen zu widerstehen – davon weiß auch Semino Rossi ein Lied zu singen. Nur zu gern nascht er von den Schokoladetafeln, die ihm seine Fans zu hunderten bei den Konzerten an den Bühnenrand legen, aber auch an seiner eigenen Schokoladenmarke „La Rosa", einem der Bestseller aus dem Semino-Rossi-Merchandising-Shop. An dieser Stelle hat uns der Star jedoch seine ganz persönlichen Diät-Erfolgsgeheimnisse verraten, denn schließlich hat er es ja tatsächlich geschafft, rund 18 Pfund, also 9 Kilo, abzunehmen. Trotzdem sieht er nach dem Gewichtsverlust blendend aus – Grund genug, ihn nach seinen Tipps zu fragen.

Wichtig für die Seele: Nach all dem Auftrittstrubel ein bisschen Ruhe und Zeit zum Entspannen.

▲ *Ein Telefonat nach Hause zu den „Mädels" – das steht bei Semino täglich mindestens einmal am Programm.*

◄ *Schlafen: Auf Tournee versucht der Sänger spätestens um Mitternacht im Bett zu sein.*

Seminos Allheilmittel: Matetee, der aus den getrockneten Blättern der Stechpalme und nicht aus einem Matetee-Busch gewonnen wird. ▶

1. Grundsatz

Matetee als SOS-Hilfe und Allzweckmittel

Dass verschiedene Tees nachhaltige Heilwirkung besitzen, ist wohl allgemein bekannt. Doch wussten Sie, dass Sie bei plötzlichem Heißhunger auf Süßes oder Fettiges mit einer Tasse Matetee den Hungergefühlen den Garaus machen können? Matetee ist ein lateinamerikanisches Nationalgetränk und wird aus den getrockneten Blättern der Stechpalme gewonnen. Er ist reich an Vitaminen, Mineralstoffen und Spurenelementen. Außerdem enthält er Gerbstoffe, Bitterstoffe, Aminosäuren sowie ätherische Öle. Diese Wirkstoffe dämpfen das Hungergefühl und helfen bei depressiven Verstimmungen – die uns besonders verleiten, viel zu essen. Trinken Sie also eine Tasse Matetee, heiß und in kleinen Schlucken, sobald Sie Hunger verspüren, er wirkt wie ein Appetitzügler gegen Heißhungerattacken. Beachten Sie jedoch, dass dieser Tee Koffein enthält und deshalb eventuell zu Schlaflosigkeit führen kann, falls Sie ihn abends trinken. Im Allgemeinen nimmt man pro Tasse einen Teelöffel Matetee, überbrüht ihn mit heißem Wasser und lässt den Tee fünf bis zehn Minuten ziehen. Wenn er nur kurz zieht, ist der Tee sanft im Geschmack, wirkt aber sehr stark anregend. Bei längerem Ziehen wirkt er weniger belebend, schmeckt aber dafür kräftiger. Etwas Milch verfeinert den Geschmack.

„Meine Fit-Diät fängt morgens mit einem Glas Matetee an. Dieses Getränk erfrischt und reinigt den Körper. Ich habe es schon als kleiner Junge in meiner Heimat Argentinien getrunken. Danach esse ich ganz gemütlich und langsam ein Stückchen frisches Obst, entweder einen Apfel, eine Birne oder eine Banane. Das stillt die Lust auf Süßes."

▲ *Leichtes Laufen, Stretching und Schwimmen gehören zu Seminos Lieblings-Sportarten. Der Crosstrainer im Hotel muss herhalten, wenn das Wetter draußen zu schlecht ist.*

2. Grundsatz

Sport: Bewegung, Sauna und Schwimmen

„Wenn der erste Hunger vorbei ist, geht es sofort raus an die frische Luft. Ich versuche, mich täglich mindestens eine Stunde zu bewegen. Ich gestehe: Ich war viel zu lange ein Sportmuffel. In meiner Kindheit und Jugend, daheim in Argentinien, ja da habe ich mit meinen Freunden in jeder freien Minute Fußball gespielt, damals hatte ich eine tolle Kondition, und Gewichtsprobleme, das war ein Fremdwort. Mittlerweile jogge ich daheim im Inntal mit großer Freude, oder ich begleite meine Frau Gabi mit dem Fahrrad. Ich fahre auch gerne zum Segeln, mein neuestes Hobby, weil ich gern am Wasser bin. Nur beim Schifahren ist es mir nach wie vor ein bisschen zu kalt, was natürlich eine Schande ist, weil ich ja in Tirol wohne. Aber wenn ich mit Gabi und den Mäd-chen auf die Piste gehe, dann sausen sie die Hänge herunter, und ich sehe ihnen von der Schihütten-terrasse dabei zu. In letzter Zeit habe ich mir auch schon oft gedacht, ob ich es mit Nordic Walking versuche – aber ich habe einfach zu wenig Zeit."

Auf seinen Tourneen nimmt sich Semino jedoch so oft wie möglich Zeit, um den Wellnessbereich zu frequentieren. „Ich benütze gerne die Fitnessgeräte, besonders der Crosstrainer tut mir gut. In der Sauna kann ich mich toll entspannen, und wenn ich zum Abschluss noch ein paar Runden im Hotelpool schwimme, dann fühlt sich mein ganzer Körper wie neugeboren."

▲ *Da schlägt der Italiener in Semino durch: Bei gutem
Käse nascht der Sänger gerne ein Stück mit.*

▲ *Frisches Obst und Gemüse sind besser als alle Vitaminpräparate.*

Sauerstoff und Bewegung im Freien stärken die Abwehrkräfte – zu jeder Jahreszeit. ▶

3. Grundsatz

FDH – oder 50 Prozent: „Ich halte nichts von strengen Diäten. Ich bin kein Mensch, der das durchsteht."

„Mein Tipp: Man darf alles essen, aber immer nur 50 Prozent davon, also die Hälfte. Und natürlich darf man sich dann auch mal ein Stückchen Schokolade gönnen! Ansonsten sollte man sich an viel frisches Gemüse, Fisch und Huhn halten. Fette sind in vielen Lebensmitteln versteckt und soll-ten, wo es geht, vermieden werden. Wenn schon, dann kaltgepresstes Olivenöl verwenden, das macht auch eine schöne Haut!" Auf seine geliebte Paella muss der Sänger auch während der Diätphasen nicht verzichten, und auch ein schönes großes Rindersteak mit viel frischem Salat wirkt sich auf der Kalorientabelle nicht allzu nachhaltig aus. Viel Wasser dazu trinken! Das füllt den Magen und entschlackt den Körper.

WEITERE TOPSELLER IN DER EDITION KOCH

ISBN: 978-3-85445-502-8

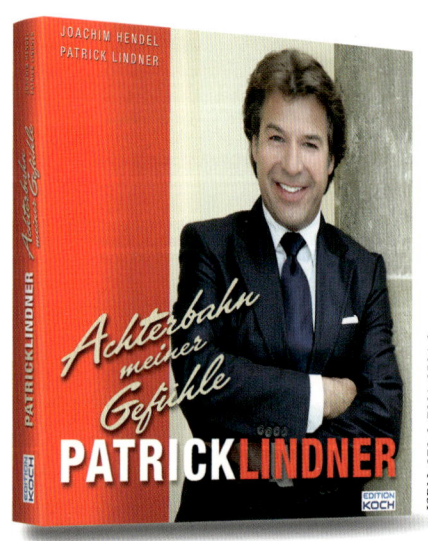

ISBN: 978-3-7081-0504-8

ISBN: 978-3-7081-0507-9

HANSI HINTERSEER

DER MENSCH HINTER DEM STAR -
Die große Geschichte seines Erfolgs
Eva Mang
204 Seiten
durchgehend farbige Fotos
27 x 21 cm
Hardcover mit Schutzumschlag

★ *Seine Kindheit in den*
  Kitzbüheler Bergen
★ *Seine Erlebnisse im*
  Österreichischen Ski-
  Nationalteam
★ *Seine Karriere als Schlagersänger*
★ *Seine Erfolge als Fernseh-*
  moderator
★ *Sein Durchbruch als Filmstar*
★ *Seine Bedeutung für die Fans*
★ *Seine ganz privaten Seiten*

PATRICK LINDER

ACHTERBAHN MEINER GEFÜHLE
Joachim Hendel/Patrick Lindner

172 Seiten
durchgehend farbigen Fotos
21 x 21 cm
BONUS: mit 19 Kochrezepten
von Patrick Lindner
Hardcover mit Schutzumschlag

In dieser Autobiografie erhält der Leser einen Einblick hinter die Kulissen des deutschsprachigen Showgeschäfts sowie in das Privatleben des Sängers, Schauspielers und Entertainers. Erzählt wird unter anderem auch von Begegnungen mit großen Persönlichkeiten. Insgesamt sind über 200, zum größten Teil bislang unveröffentlichte Fotos zu sehen. Wer dieses Buch gelesen hat, weiß, wie der sympathische Künstler denkt, fühlt und dass auch das Leben eines Künstlers manchmal Schattenseiten hat.

ROLAND KAISER

ATEMPAUSE

176 Seiten
mit zahlreichen farbigen
Privatfotos von Roland Kaiser
24 x 16 cm
Hardcover mit Schutzumschlag

Nach 34 Jahren steht Roland Kaiser noch immer an der Spitze des deutschen Showgeschäfts. Hinter ihm liegen turbulente Jahre, die – auch wegen der COPD-Diagnose – reichlich für Schlagzeilen sorgten. Für Menschen mit einer ähnlich bewegten Vergangenheit gibt es nur zwei Möglichkeiten: sich fallen zu lassen oder allen Widrigkeiten zum Trotz dem Leben die Stirn zu bieten. Roland Kaiser wählte die zweite: raus ins Rampenlicht, mitten ins Leben!

www.editionkoch.at